PERSIANO
VOCABOLARIO

PER STUDIO AUTODIDATTICO

ITALIANO - PERSIANO

Le parole più utili
Per ampliare il proprio lessico e affinare
le proprie abilità linguistiche

5000 parole

Vocabolario Italiano-Persiano per studio autodidattico - 5000 parole
Di Andrey Taranov

I vocabolari T&P Books si propongono come strumento di aiuto per apprendere, memorizzare e revisionare l'uso di termini stranieri. Il dizionario si divide in vari argomenti che includono la maggior parte delle attività quotidiane, tra cui affari, scienza, cultura, ecc.

Il processo di apprendimento delle parole attraverso i dizionari divisi in liste tematiche della collana T&P Books offre i seguenti vantaggi:

- Le fonti d'informazione correttamente raggruppate garantiscono un buon risultato nella memorizzazione delle parole
- La possibilità di memorizzare gruppi di parole con la stessa radice (piuttosto che memorizzarle separatamente)
- Piccoli gruppi di parole facilitano il processo di apprendimento per associazione, utile al potenziamento lessicale
- Il livello di conoscenza della lingua può essere valutato attraverso il numero di parole apprese

Copyright © 2018 T&P Books Publishing

Tutti i diritti riservati. Nessuna parte del presente volume può essere riprodotta o trasmessa in qualsiasi forma o con qualsiasi mezzo elettronico, meccanico, fotocopie, registrazioni o riproduzioni senza l'autorizzazione scritta dell'editore.

T&P Books Publishing
www.tpbooks.com

ISBN: 978-1-78716-752-0

Questo libro è disponibile anche in formato e-book.
Visitate il sito www.tpbooks.com o le principali librerie online.

VOCABOLARIO PERSIANO
per studio autodidattico

I vocabolari T&P Books si propongono come strumento di aiuto per apprendere, memorizzare e revisionare l'uso di termini stranieri. Il vocabolario contiene oltre 5000 parole di uso comune ordinate per argomenti.

- Il vocabolario contiene le parole più comunemente usate
- È consigliato in aggiunta ad un corso di lingua
- Risponde alle esigenze degli studenti di lingue straniere sia essi principianti o di livello avanzato
- Pratico per un uso quotidiano, per gli esercizi di revisione e di autovalutazione
- Consente di valutare la conoscenza del proprio lessico

Caratteristiche specifiche del vocabolario:

- Le parole sono ordinate secondo il proprio significato e non alfabeticamente
- Le parole sono riportate in tre colonne diverse per facilitare il metodo di revisione e autovalutazione
- I gruppi di parole sono divisi in sottogruppi per facilitare il processo di apprendimento
- Il vocabolario offre una pratica e semplice trascrizione fonetica per ogni termine straniero

Il vocabolario contiene 155 argomenti tra cui:

Concetti di Base, Numeri, Colori, Mesi, Stagioni, Unità di Misura, Abbigliamento e Accessori, Cibo e Alimentazione, Ristorante, Membri della Famiglia, Parenti, Personalità, Sentimenti, Emozioni, Malattie, Città, Visita Turistica, Acquisti, Denaro, Casa, Ufficio, Lavoro d'Ufficio, Import-export, Marketing, Ricerca di un Lavoro, Sport, Istruzione, Computer, Internet, Utensili, Natura, Paesi, Nazionalità e altro ancora ...

INDICE

Guida alla pronuncia	9
Abbreviazioni	10

CONCETTI DI BASE — 11
Concetti di base. Parte 1 — 11

1. Pronomi — 11
2. Saluti. Convenevoli. Saluti di congedo — 11
3. Come rivolgersi — 12
4. Numeri cardinali. Parte 1 — 12
5. Numeri cardinali. Parte 2 — 13
6. Numeri ordinali — 14
7. Numeri. Frazioni — 14
8. Numeri. Operazioni aritmetiche di base — 14
9. Numeri. Varie — 14
10. I verbi più importanti. Parte 1 — 15
11. I verbi più importanti. Parte 2 — 16
12. I verbi più importanti. Parte 3 — 17
13. I verbi più importanti. Parte 4 — 18
14. Colori — 18
15. Domande — 19
16. Preposizioni — 20
17. Parole grammaticali. Avverbi. Parte 1 — 20
18. Parole grammaticali. Avverbi. Parte 2 — 22

Concetti di base. Parte 2 — 24

19. Giorni della settimana — 24
20. Ore. Giorno e notte — 24
21. Mesi. Stagioni — 25
22. Unità di misura — 27
23. Contenitori — 28

ESSERE UMANO — 29
Essere umano. Il corpo umano — 29

24. Testa — 29
25. Corpo umano — 30

Abbigliamento e Accessori — 31

26. Indumenti. Soprabiti — 31
27. Men's & women's clothing — 31

28. Abbigliamento. Biancheria intima	32
29. Copricapo	32
30. Calzature	32
31. Accessori personali	33
32. Abbigliamento. Varie	33
33. Cura della persona. Cosmetici	34
34. Orologi da polso. Orologio	35

Cibo. Alimentazione	**36**
35. Cibo	36
36. Bevande	37
37. Verdure	38
38. Frutta. Noci	39
39. Pane. Dolci	40
40. Pietanze cucinate	40
41. Spezie	41
42. Pasti	42
43. Preparazione della tavola	43
44. Ristorante	43

Famiglia, parenti e amici	**44**
45. Informazioni personali. Moduli	44
46. Membri della famiglia. Parenti	44

Medicinali	**46**
47. Malattie	46
48. Sintomi. Cure. Parte 1	47
49. Sintomi. Cure. Parte 2	48
50. Sintomi. Cure. Parte 3	49
51. Medici	50
52. Medicinali. Farmaci. Accessori	50

HABITAT UMANO	**52**
Città	**52**
53. Città. Vita di città	52
54. Servizi cittadini	53
55. Cartelli	54
56. Mezzi pubblici in città	55
57. Visita turistica	56
58. Acquisti	57
59. Denaro	58
60. Posta. Servizio postale	59

Abitazione. Casa	**60**
61. Casa. Elettricità	60

62. Villa. Palazzo	60
63. Appartamento	60
64. Arredamento. Interno	61
65. Biancheria da letto	62
66. Cucina	62
67. Bagno	63
68. Elettrodomestici	64

ATTIVITÀ UMANA	65
Lavoro. Affari. Parte 1	65
69. Ufficio. Lavorare in ufficio	65
70. Operazioni d'affari. Parte 1	66
71. Operazioni d'affari. Parte 2	67
72. Attività produttiva. Lavori	68
73. Contratto. Accordo	69
74. Import-export	70
75. Mezzi finanziari	70
76. Marketing	71
77. Pubblicità	72
78. Attività bancaria	72
79. Telefono. Conversazione telefonica	73
80. Telefono cellulare	74
81. Articoli di cancelleria	74
82. Generi di attività commerciali	75

Lavoro. Affari. Parte 2	77
83. Spettacolo. Mostra	77
84. Scienza. Ricerca. Scienziati	78

Professioni e occupazioni	80
85. Ricerca di un lavoro. Licenziamento	80
86. Gente d'affari	80
87. Professioni amministrative	81
88. Professioni militari e gradi	82
89. Funzionari. Sacerdoti	83
90. Professioni agricole	83
91. Professioni artistiche	84
92. Professioni varie	84
93. Attività lavorative. Condizione sociale	86

Istruzione	87
94. Scuola	87
95. Istituto superiore. Università	88
96. Scienze. Discipline	89
97. Sistema di scrittura. Ortografia	89
98. Lingue straniere	90

Ristorante. Intrattenimento. Viaggi 92

99. Escursione. Viaggio 92
100. Hotel 92

ATTREZZATURA TECNICA. MEZZI DI TRASPORTO 94
Attrezzatura tecnica 94

101. Computer 94
102. Internet. Posta elettronica 95
103. Elettricità 96
104. Utensili 96

Mezzi di trasporto 99

105. Aeroplano 99
106. Treno 100
107. Nave 101
108. Aeroporto 102

Situazioni quotidiane 104

109. Vacanze. Evento 104
110. Funerali. Sepoltura 105
111. Guerra. Soldati 105
112. Guerra. Azioni militari. Parte 1 107
113. Guerra. Azioni militari. Parte 2 108
114. Armi 109
115. Gli antichi 111
116. Il Medio Evo 112
117. Leader. Capo. Le autorità 113
118. Infrangere la legge. Criminali. Parte 1 114
119. Infrangere la legge. Criminali. Parte 2 115
120. Polizia. Legge. Parte 1 116
121. Polizia. Legge. Parte 2 117

LA NATURA 119
La Terra. Parte 1 119

122. L'Universo 119
123. La Terra 120
124. Punti cardinali 121
125. Mare. Oceano 121
126. Nomi dei mari e degli oceani 122
127. Montagne 123
128. Nomi delle montagne 124
129. Fiumi 124
130. Nomi dei fiumi 125
131. Foresta 125
132. Risorse naturali 126

La Terra. Parte 2	128
133. Tempo	128
134. Rigide condizioni metereologiche. Disastri naturali	129

Fauna	130
135. Mammiferi. Predatori	130
136. Animali selvatici	130
137. Animali domestici	131
138. Uccelli	132
139. Pesci. Animali marini	134
140. Anfibi. Rettili	134
141. Insetti	135

Flora	136
142. Alberi	136
143. Arbusti	136
144. Frutti. Bacche	137
145. Fiori. Piante	138
146. Cereali, granaglie	139

PAESI. NAZIONALITÀ	140
147. Europa occidentale	140
148. Europa centrale e orientale	140
149. Paesi dell'ex Unione Sovietica	141
150. Asia	141
151. America del Nord	142
152. America centrale e America del Sud	142
153. Africa	143
154. Australia. Oceania	143
155. Città	143

GUIDA ALLA PRONUNCIA

Alfabeto fonetico T&P	Esempio persiano	Esempio italiano
['] (ayn)	[da'vā] دعوا	fricativa faringale sonora
['] (hamza)	[ta'id] تایید	occlusiva glottidale sorda
[a]	[ravad] رود	macchia
[ā]	[ātaš] آتش	scusare
[b]	[bānk] بانک	bianco
[č]	[čand] چند	cinque
[d]	[haštād] هشتاد	doccia
[e]	[ešq] عشق	meno, leggere
[f]	[fandak] فندک	ferrovia
[g]	[logo] لوگو	guerriero
[h]	[giyāh] گیاه	[h] aspirate
[i]	[jazire] جزیره	vittoria
[j]	[jašn] جشن	piangere
[k]	[kāj] کاج	cometa
[l]	[limu] لیمو	saluto
[m]	[mājarā] ماجرا	mostra
[n]	[norvež] نروژ	novanta
[o]	[golf] گلف	notte
[p]	[operā] اپرا	pieno
[q]	[lāqar] لاغر	simile gufo, gatto
[r]	[raqam] رقم	ritmo, raro
[s]	[sup] سوپ	sapere
[š]	[duš] دوش	ruscello
[t]	[tarjome] ترجمه	tattica
[u]	[niru] نیرو	prugno
[v]	[varšow] ورشو	volare
[w]	[rowšan] روشن	week-end
[x]	[kāx] کاخ	[h] dolce
[y]	[biyābān] بیابان	New York
[z]	[zanjir] زنجیر	rosa
[ž]	[žuan] ژوئن	beige

ABBREVIAZIONI
usate nel vocabolario

Italiano. Abbreviazioni

agg	- aggettivo
anim.	- animato
avv	- avverbio
cong	- congiunzione
ecc.	- eccetera
f	- sostantivo femminile
f pl	- femminile plurale
fem.	- femminile
form.	- formale
inanim.	- inanimato
inform.	- familiare
m	- sostantivo maschile
m pl	- maschile plurale
m, f	- maschile, femminile
masc.	- maschile
mil.	- militare
pl	- plurale
pron	- pronome
qc	- qualcosa
qn	- qualcuno
sing.	- singolare
v aus	- verbo ausiliare
vi	- verbo intransitivo
vi, vt	- verbo intransitivo, transitivo
vr	- verbo riflessivo
vt	- verbo transitivo

CONCETTI DI BASE

Concetti di base. Parte 1

1. Pronomi

io	man	من
tu	to	تو
egli, ella, esso, essa	u	او
noi	mā	ما
voi	šomā	شما
loro	ān-hā	آنها

2. Saluti. Convenevoli. Saluti di congedo

Buongiorno!	salām	سلام
Buongiorno! (la mattina)	sobh bexeyr	صبح بخیر
Buon pomeriggio!	ruz bexeyr!	روز بخیر!
Buonasera!	asr bexeyr	عصر بخیر
salutare (vt)	salām kardan	سلام کردن
Ciao! Salve!	salām	سلام
saluto (m)	salām	سلام
salutare (vt)	salām kardan	سلام کردن
Come sta?	haletān četowr ast?	حالتان چطور است؟
Come stai?	četorid?	چطورید؟
Che c'è di nuovo?	če xabar?	چه خبر؟
Arrivederci!	xodāhāfez	خداحافظ
Ciao!	bāy bāy	بای بای
A presto!	be omid-e didār!	به امید دیدار!
Addio!	xodāhāfez!	خداحافظ!
congedarsi (vr)	xodāhāfezi kardan	خداحافظی کردن
Ciao! (A presto!)	tā bezudi!	تا بزودی!
Grazie!	motešakker-am!	متشکرم!
Grazie mille!	besyār motešakker-am!	بسیار متشکرم!
Prego	xāheš mikonam	خواهش می کنم
Non c'è di che!	tašakkor lāzem nist	تشکر لازم نیست
Di niente	qābel-i nadārad	قابلی ندارد
Scusa!	bebaxšid!	ببخشید!
scusare (vt)	baxšidan	بخشیدن
scusarsi (vr)	ozr xāstan	عذر خواستن
Chiedo scusa	ozr mixāham	عذرمی خواهم

Mi perdoni!	bebaxšid!	ببخشید!
perdonare (vt)	baxšidan	بخشیدن
Non fa niente	mohem nist	مهم نیست
per favore	lotfan	لطفاً

Non dimentichi!	farāmuš nakonid!	فراموش نکنید!
Certamente!	albate!	البته!
Certamente no!	albate ke neh!	البته که نه!
D'accordo!	besyār xob!	بسیارخوب!
Basta!	bas ast!	بس است!

3. Come rivolgersi

Mi scusi!	bebaxšid!	ببخشید!
signore	āqā	آقا
signora	xānom	خانم
signorina	xānom	خانم
signore	mard-e javān	مرد جوان
ragazzo	pesar bače	پسر بچه
ragazza	doxtar bačče	دختربچه

4. Numeri cardinali. Parte 1

zero (m)	sefr	صفر
uno	yek	یک
due	do	دو
tre	se	سه
quattro	čāhār	چهار

cinque	panj	پنج
sei	šeš	شش
sette	haft	هفت
otto	hašt	هشت
nove	neh	نه

dieci	dah	ده
undici	yāzdah	یازده
dodici	davāzdah	دوازده
tredici	sizdah	سیزده
quattordici	čāhārdah	چهارده

quindici	pānzdah	پانزده
sedici	šānzdah	شانزده
diciassette	hefdah	هفده
diciotto	hijdah	هیجده
diciannove	nuzdah	نوزده

venti	bist	بیست
ventuno	bist-o yek	بیست ویک
ventidue	bist-o do	بیست ودو
ventitre	bist-o se	بیست وسه
trenta	si	سی

trentuno	si-yo yek	سی و یک
trentadue	si-yo do	سی و دو
trentatre	si-yo se	سی و سه
quaranta	čehel	چهل
quarantuno	čehel-o yek	چهل و یک
quarantadue	čehel-o do	چهل و دو
quarantatre	čehel-o se	چهل و سه
cinquanta	panjāh	پنجاه
cinquantuno	panjāh-o yek	پنجاه و یک
cinquantadue	panjāh-o do	پنجاه و دو
cinquantatre	panjāh-o se	پنجاه و سه
sessanta	šast	شصت
sessantuno	šast-o yek	شصت و یک
sessantadue	šast-o do	شصت و دو
sessantatre	šast-o se	شصت و سه
settanta	haftād	هفتاد
settantuno	haftād-o yek	هفتاد و یک
settantadue	haftād-o do	هفتاد و دو
settantatre	haftād-o se	هفتاد و سه
ottanta	haštād	هشتاد
ottantuno	haštād-o yek	هشتاد و یک
ottantadue	haštād-o do	هشتاد و دو
ottantatre	haštād-o se	هشتاد و سه
novanta	navad	نود
novantuno	navad-o yek	نود و یک
novantadue	navad-o do	نود و دو
novantatre	navad-o se	نود و سه

5. Numeri cardinali. Parte 2

cento	sad	صد
duecento	devist	دویست
trecento	sisad	سیصد
quattrocento	čāhārsad	چهارصد
cinquecento	pānsad	پانصد
seicento	šešsad	ششصد
settecento	haftsad	هفتصد
ottocento	haštsad	هشتصد
novecento	nohsad	نهصد
mille	hezār	هزار
duemila	dohezār	دوهزار
tremila	se hezār	سه هزار
diecimila	dah hezār	ده هزار
centomila	sad hezār	صد هزار
milione (m)	milyun	میلیون
miliardo (m)	milyārd	میلیارد

6. Numeri ordinali

primo	avvalin	اولین
secondo	dovvomin	دومین
terzo	sevvomin	سومین
quarto	čāhāromin	چهارمین
quinto	panjomin	پنجمین
sesto	šešomin	ششمین
settimo	haftomin	هفتمین
ottavo	haštomin	هشتمین
nono	nohomin	نهمین
decimo	dahomin	دهمین

7. Numeri. Frazioni

frazione (f)	kasr	کسر
un mezzo	yek dovvom	یک دوم
un terzo	yek sevvom	یک سوم
un quarto	yek čāhārom	یک چهارم
un ottavo	yek panjom	یک هشتم
un decimo	yek dahom	یک دهم
due terzi	do sevvom	دو سوم
tre quarti	se čāhārrom	سه چهارم

8. Numeri. Operazioni aritmetiche di base

sottrazione (f)	tafriq	تفریق
sottrarre (vt)	tafriq kardan	تفریق کردن
divisione (f)	taqsim	تقسیم
dividere (vt)	taqsim kardan	تقسیم کردن
addizione (f)	jam'	جمع
addizionare (vt)	jam' kardan	جمع کردن
aggiungere (vt)	ezāfe kardan	اضافه کردن
moltiplicazione (f)	zarb	ضرب
moltiplicare (vt)	zarb kardan	ضرب کردن

9. Numeri. Varie

cifra (f)	raqam	رقم
numero (m)	adad	عدد
numerale (m)	adadi	عددی
meno (m)	manfi	منفی
più (m)	mosbat	مثبت
formula (f)	formul	فرمول
calcolo (m)	mohāsebe	محاسبه
contare (vt)	šemordan	شمردن

calcolare (vt)	mohāsebe kardan	محاسبه کردن
comparare (vt)	moqāyse kardan	مقایسه کردن
Quanto? Quanti?	čeqadr?	چقدر؟
somma (f)	jam'-e kol	جمع کل
risultato (m)	natije	نتیجه
resto (m)	bāqimānde	باقیمانده
qualche …	čand	چند
un po' di …	kami	کمی
resto (m)	baqiye	بقیه
uno e mezzo	yek-o nim	یک و نیم
dozzina (f)	dojin	دوجین
in due	be do qesmat	به دو قسمت
in parti uguali	be tāsavi	به تساوی
metà (f), mezzo (m)	nim	نیم
volta (f)	daf'e	دفعه

10. I verbi più importanti. Parte 1

accorgersi (vr)	motevajjeh šodan	متوجه شدن
afferrare (vt)	gereftan	گرفتن
affittare (dare in affitto)	ejāre kardan	اجاره کردن
aiutare (vt)	komak kardan	کمک کردن
amare (qn)	dust dāštan	دوست داشتن
andare (camminare)	raftan	رفتن
annotare (vt)	neveštan	نوشتن
appartenere (vi)	ta'alloq dāštan	تعلق داشتن
aprire (vt)	bāz kardan	باز کردن
arrivare (vi)	residan	رسیدن
aspettare (vt)	montazer budan	منتظر بودن
avere (vt)	dāštan	داشتن
avere fame	gorosne budan	گرسنه بودن
avere fretta	ajale kardan	عجله کردن
avere paura	tarsidan	ترسیدن
avere sete	tešne budan	تشنه بودن
avvertire (vt)	hošdār dādan	هشدار دادن
cacciare (vt)	šekār kardan	شکار کردن
cadere (vi)	oftādan	افتادن
cambiare (vt)	avaz kardan	عوض کردن
capire (vt)	fahmidan	فهمیدن
cenare (vi)	šām xordan	شام خوردن
cercare (vt)	jostoju kardan	جستجو کردن
cessare (vt)	bas kardan	بس کردن
chiedere (~ aiuto)	komak xāstan	کمک خواستن
chiedere (domandare)	porsidan	پرسیدن
cominciare (vt)	šoru' kardan	شروع کردن
comparare (vt)	moqāyse kardan	مقایسه کردن

confondere (vt)	qāti kardan	قاطی کردن
conoscere (qn)	šenāxtan	شناختن
conservare (vt)	hefz kardan	حفظ کردن
consigliare (vt)	nasihat kardan	نصیحت کردن
contare (calcolare)	šemordan	شمردن
contare su …	hesāb kardan	حساب کردن
continuare (vt)	edāme dādan	ادامه دادن
controllare (vt)	kontorol kardan	کنترل کردن
correre (vi)	davidan	دویدن
costare (vt)	qeymat dāštan	قیمت داشتن
creare (vt)	ijād kardan	ایجاد کردن
cucinare (vi)	poxtan	پختن

11. I verbi più importanti. Parte 2

dare (vt)	dādan	دادن
dare un suggerimento	sarnax dādan	سرنخ دادن
decorare (adornare)	tazyin kardan	تزیین کردن
difendere (~ un paese)	defā' kardan	دفاع کردن
dimenticare (vt)	farāmuš kardan	فراموش کردن
dire (~ la verità)	goftan	گفتن
dirigere (compagnia, ecc.)	edāre kardan	اداره کردن
discutere (vt)	bahs kardan	بحث کردن
domandare (vt)	xāstan	خواستن
dubitare (vi)	šok dāštan	شک داشتن
entrare (vi)	vāred šodan	وارد شدن
esigere (vt)	darxāst kardan	درخواست کردن
esistere (vi)	vojud dāštan	وجود داشتن
essere (vi)	budan	بودن
essere d'accordo	movāfeqat kardan	موافقت کردن
fare (vt)	anjām dādan	انجام دادن
fare colazione	sobhāne xordan	صبحانه خوردن
fare il bagno	ābtani kardan	آبتنی کردن
fermarsi (vr)	motevaghef šhodan	متوقف شدن
fidarsi (vr)	etminān kardan	اطمینان کردن
finire (vt)	be pāyān resāndan	به پایان رساندن
firmare (~ un documento)	emzā kardan	امضا کردن
giocare (vi)	bāzi kardan	بازی کردن
girare (~ a destra)	pičidan	پیچیدن
gridare (vi)	faryād zadan	فریاد زدن
indovinare (vt)	hads zadan	حدس زدن
informare (vt)	āgah kardan	آگاه کردن
ingannare (vt)	farib dādan	فریب دادن
insistere (vi)	esrār kardan	اصرار کردن
insultare (vt)	towhin kardan	توهین کردن
interessarsi di …	alāqe dāštan	علاقه داشتن

invitare (vt)	da'vat kardan	دعوت کردن
lamentarsi (vr)	šekāyat kardan	شکایت کردن
lasciar cadere	andāxtan	انداختن
lavorare (vi)	kār kardan	کار کردن
leggere (vi, vt)	xāndan	خواندن
liberare (vt)	āzād kardan	آزاد کردن

12. I verbi più importanti. Parte 3

mancare le lezioni	qāyeb budan	غایب بودن
mandare (vt)	ferestādan	فرستادن
menzionare (vt)	zekr kardan	ذکر کردن
minacciare (vt)	tahdid kardan	تهدید کردن
mostrare (vt)	nešān dādan	نشان دادن
nascondere (vt)	penhān kardan	پنهان کردن
nuotare (vi)	šenā kardan	شنا کردن
obiettare (vt)	moxalefat kardan	مخالفت کردن
occorrere (vimp)	hāmi budan	حامی بودن
ordinare (~ il pranzo)	sefāreš dādan	سفارش دادن
ordinare (mil.)	farmān dādan	فرمان دادن
osservare (vt)	mošāhede kardan	مشاهده کردن
pagare (vi, vt)	pardāxtan	پرداختن
parlare (vi, vt)	harf zadan	حرف زدن
partecipare (vi)	šerekat kardan	شرکت کردن
pensare (vi, vt)	fekr kardan	فکر کردن
perdonare (vt)	baxšidan	بخشیدن
permettere (vt)	ejāze dādan	اجازه دادن
piacere (vi)	dust dāštan	دوست داشتن
piangere (vi)	gerye kardan	گریه کردن
pianificare (vt)	barnāmerizi kardan	برنامه ریزی کردن
possedere (vt)	sāheb budan	صاحب بودن
potere (v aus)	tavānestan	توانستن
pranzare (vi)	nāhār xordan	ناهار خوردن
preferire (vt)	tarjih dādan	ترجیح دادن
pregare (vi, vt)	do'ā kardan	دعا کردن
prendere (vt)	bardāštan	برداشتن
prevedere (vt)	pišbini kardan	پیش بینی کردن
promettere (vt)	qowl dādan	قول دادن
pronunciare (vt)	talaffoz kardan	تلفظ کردن
proporre (vt)	pišnahād dādan	پیشنهاد دادن
punire (vt)	tanbih kardan	تنبیه کردن
raccomandare (vt)	towsie kardan	توصیه کردن
ridere (vi)	xandidan	خندیدن
rifiutarsi (vr)	rad kardan	رد کردن
rincrescere (vi)	afsus xordan	افسوس خوردن
ripetere (ridire)	tekrār kardan	تکرار کردن
riservare (vt)	rezerv kardan	رزرو کردن

rispondere (vi, vt)	javāb dādan	جواب دادن
rompere (spaccare)	šekastan	شکستن
rubare (~ i soldi)	dozdidan	دزدیدن

13. I verbi più importanti. Parte 4

salvare (~ la vita a qn)	najāt dādan	نجات دادن
sapere (vt)	dānestan	دانستن
sbagliare (vi)	eštebāh kardan	اشتباه کردن
scavare (vt)	kandan	کندن
scegliere (vt)	entexāb kardan	انتخاب کردن
scendere (vi)	pāyin āmadan	پایین آمدن
scherzare (vi)	šuxi kardan	شوخی کردن
scrivere (vt)	neveštan	نوشتن
scusare (vt)	baxšidan	بخشیدن
scusarsi (vr)	ozr xāstan	عذر خواستن
sedersi (vr)	nešastan	نشستن
seguire (vt)	donbāl kardan	دنبال کردن
sgridare (vt)	da'vā kardan	دعوا کردن
significare (vt)	ma'ni dāštan	معنی داشتن
sorridere (vi)	labxand zadan	لبخند زدن
sottovalutare (vt)	dast-e kam gereftan	دست کم گرفتن
sparare (vi)	tirandāzi kardan	تیراندازی کردن
sperare (vi, vt)	omid dāštan	امید داشتن
spiegare (vt)	touzih dādan	توضیح دادن
studiare (vt)	dars xāndan	درس خواندن
stupirsi (vr)	mote'ajjeb šodan	متعجب شدن
tacere (vi)	sāket māndan	ساکت ماندن
tentare (vt)	talāš kardan	تلاش کردن
toccare (~ con le mani)	lams kardan	لمس کردن
tradurre (vt)	tarjome kardan	ترجمه کردن
trovare (vt)	peydā kardan	پیدا کردن
uccidere (vt)	koštan	کشتن
udire (percepire suoni)	šenidan	شنیدن
unire (vt)	mottahed kardan	متحد کردن
uscire (vi)	birun raftan	بیرون رفتن
vantarsi (vr)	be rox kešidan	به رخ کشیدن
vedere (vt)	didan	دیدن
vendere (vt)	foruxtan	فروختن
volare (vi)	parvāz kardan	پرواز کردن
volere (desiderare)	xāstan	خواستن

14. Colori

colore (m)	rang	رنگ
sfumatura (f)	teyf-e rang	طیف رنگ

tono (m)	rangmaye	رنگمایه
arcobaleno (m)	rangin kamān	رنگین کمان

bianco (agg)	sefid	سفید
nero (agg)	siyāh	سیاه
grigio (agg)	xākestari	خاکستری

verde (agg)	sabz	سبز
giallo (agg)	zard	زرد
rosso (agg)	sorx	سرخ

blu (agg)	abi	آبی
azzurro (agg)	ābi rowšan	آبی روشن
rosa (agg)	surati	صورتی
arancione (agg)	nārenji	نارنجی
violetto (agg)	banafš	بنفش
marrone (agg)	qahve i	قهوه ای

d'oro (agg)	talāyi	طلایی
argenteo (agg)	noqre i	نقره ای

beige (agg)	baž	بژ
color crema (agg)	kerem	کرم
turchese (agg)	firuze i	فیروزه ای
rosso ciliegia (agg)	ālbāluyi	آلبالویی
lilla (agg)	banafš yasi	بنفش یاسی
rosso lampone (agg)	zereški	زرشکی

chiaro (agg)	rowšan	روشن
scuro (agg)	tire	تیره
vivo, vivido (agg)	rowšan	روشن

colorato (agg)	rangi	رنگی
a colori	rangi	رنگی
bianco e nero (agg)	siyāh-o sefid	سیاه و سفید
in tinta unita	yek rang	یک رنگ
multicolore (agg)	rangārang	رنگارنگ

15. Domande

Chi?	če kas-i?	چه کسی؟
Che cosa?	če čiz-i?	چه چیزی؟
Dove? (in che luogo?)	kojā?	کجا؟
Dove? (~ vai?)	kojā?	کجا؟
Di dove?, Da dove?	az kojā?	از کجا؟
Quando?	če vaqt?	چه وقت؟
Perché? (per quale scopo?)	čerā?	چرا؟
Perché? (per quale ragione?)	čerā?	چرا؟

Per che cosa?	barā-ye če?	برای چه؟
Come?	četor?	چطور؟
Che? (~ colore è?)	kodām?	کدام؟
Quale?	kodām?	کدام؟
A chi?	barā-ye ki?	برای کی؟

Di chi?	dar bāre-ye ki?	درباره کی؟
Di che cosa?	darbāre-ye či?	درباره چی؟
Con chi?	bā ki?	با کی؟
Quanti?, Quanto?	čeqadr?	چقدر؟
Di chi?	māl-e ki?	مال کی؟

16. Preposizioni

con (tè ~ il latte)	bā	با
senza	bedune	بدون
a (andare ~ ...)	be	به
di (parlare ~ ...)	rāje' be	راجع به
prima di ...	piš az	پیش از
di fronte a ...	dar moqābel	در مقابل
sotto (avv)	zir	زیر
sopra (al di ~)	bālā-ye	بالای
su (sul tavolo, ecc.)	ruy	روی
da, di (via da ..., fuori di ...)	az	از
di (fatto ~ cartone)	az	از
fra (~ dieci minuti)	tā	تا
attraverso (dall'altra parte)	az bālāye	از بالای

17. Parole grammaticali. Avverbi. Parte 1

Dove?	kojā?	کجا؟
qui (in questo luogo)	in jā	این جا
lì (in quel luogo)	ānjā	آنجا
da qualche parte (essere ~)	jā-yi	جایی
da nessuna parte	hič kojā	هیچ کجا
vicino a ...	nazdik	نزدیک
vicino alla finestra	nazdik panjere	نزدیک پنجره
Dove?	kojā?	کجا؟
qui (vieni ~)	in jā	این جا
ci (~ vado stasera)	ānjā	آنجا
da qui	az injā	از اینجا
da lì	az ānjā	از آنجا
vicino, accanto (avv)	nazdik	نزدیک
lontano (avv)	dur	دور
vicino (~ a Parigi)	nazdik	نزدیک
vicino (qui ~)	nazdik	نزدیک
non lontano	nazdik	نزدیک
sinistro (agg)	čap	چپ
a sinistra (rimanere ~)	dast-e čap	دست چپ

a sinistra (girare ~)	be čap	به چپ
destro (agg)	rāst	راست
a destra (rimanere ~)	dast-e rāst	دست راست
a destra (girare ~)	be rāst	به راست
davanti	jelo	جلو
anteriore (agg)	jelo	جلو
avanti	jelo	جلو
dietro (avv)	aqab	عقب
da dietro	az aqab	از عقب
indietro	aqab	عقب
mezzo (m), centro (m)	vasat	وسط
in mezzo, al centro	dar vasat	در وسط
di fianco	pahlu	پهلو
dappertutto	hame jā	همه جا
attorno	atrāf	اطراف
da dentro	az daxel	از داخل
da qualche parte (andare ~)	jā-yi	جایی
dritto (direttamente)	mostaqim	مستقیم
indietro	aqab	عقب
da qualsiasi parte	az har jā	از هر جا
da qualche posto (veniamo ~)	az yek jā-yi	از یک جایی
in primo luogo	avvalan	اولاً
in secondo luogo	dumā	دوما
in terzo luogo	sālesan	ثالثاً
all'improvviso	nāgahān	ناگهان
all'inizio	dar avval	در اول
per la prima volta	barā-ye avvalin bār	برای اولین بار
molto tempo prima di...	xeyli vaqt piš	خیلی وقت پیش
di nuovo	az now	از نو
per sempre	barā-ye hamiše	برای همیشه
mai	hič vaqt	هیچ وقت
ancora	dobāre	دوباره
adesso	alān	الان
spesso (avv)	aqlab	اغلب
allora	ān vaqt	آن وقت
urgentemente	foran	فوراً
di solito	ma'mulan	معمولاً
a proposito, …	rāst-i	راستی
è possibile	momken ast	ممکن است
probabilmente	ehtemālan	احتمالاً
forse	šāyad	شاید
inoltre …	bealāve	بعلاوه
ecco perché …	be hamin xāter	به همین خاطر
nonostante (~ tutto)	alāraqm	علیرغم
grazie a …	be lotf	به لطف

che cosa (pron)	če?	چه؟
che (cong)	ke	که
qualcosa (qualsiasi cosa)	yek čiz-i	یک چیزی
qualcosa (le serve ~?)	yek kāri	یک کاری
niente	hič čiz	هیچ چیز
chi (pron)	ki	کی
qualcuno (annuire a ~)	yek kas-i	یک کسی
qualcuno (dipendere da ~)	yek kas-i	یک کسی
nessuno	hič kas	هیچ کس
da nessuna parte	hič kojā	هیچ کجا
di nessuno	māl-e hičkas	مال هیچ کس
di qualcuno	har kas-i	هر کسی
così (era ~ arrabbiato)	xeyli	خیلی
anche (penso ~ a ...)	ham	هم
anche, pure	ham	هم

18. Parole grammaticali. Avverbi. Parte 2

Perché?	čerā?	چرا؟
per qualche ragione	be dalil-i	به دلیلی
perché ...	čon	چون
per qualche motivo	barā-ye maqsudi	برای مقصودی
e (cong)	va	و
o (sì ~ no?)	yā	یا
ma (però)	ammā	اما
per (~ me)	barā-ye	برای
troppo	besyār	بسیار
solo (avv)	faqat	فقط
esattamente	daqiqan	دقیقا
circa (~ 10 dollari)	taqriban	تقریباً
approssimativamente	taqriban	تقریباً
approssimativo (agg)	taqribi	تقریبی
quasi	taqriban	تقریباً
resto	baqiye	بقیه
l'altro (~ libro)	digar	دیگر
altro (differente)	digar	دیگر
ogni (agg)	har	هر
qualsiasi (agg)	har	هر
molti, molto	ziyād	زیاد
molta gente	besyāri	بسیاری
tutto, tutti	hame	همه
in cambio di ...	dar avaz	در عوض
in cambio	dar barābar	در برابر
a mano (fatto ~)	dasti	دستی
poco probabile	baid ast	بعید است
probabilmente	ehtemālan	احتمالاً

apposta	amdan	عمداً
per caso	tasādofi	تصادفى
molto (avv)	besyār	بسيار
per esempio	masalan	مثلاً
fra (~ due)	beyn	بين
fra (~ più di due)	miyān	ميان
tanto (quantità)	in qadr	اين قدر
soprattutto	maxsusan	مخصوصاً

Concetti di base. Parte 2

19. Giorni della settimana

lunedì (m)	došanbe	دوشنبه
martedì (m)	se šanbe	سه شنبه
mercoledì (m)	čāhāršanbe	چهارشنبه
giovedì (m)	panj šanbe	پنج شنبه
venerdì (m)	jom'e	جمعه
sabato (m)	šanbe	شنبه
domenica (f)	yek šanbe	یک شنبه
oggi (avv)	emruz	امروز
domani	fardā	فردا
dopodomani	pas fardā	پس فردا
ieri (avv)	diruz	دیروز
l'altro ieri	pariruz	پریروز
giorno (m)	ruz	روز
giorno (m) lavorativo	ruz-e kāri	روز کاری
giorno (m) festivo	ruz-e jašn	روز جشن
giorno (m) di riposo	ruz-e ta'til	روز تعطیل
fine (m) settimana	āxar-e hafte	آخر هفته
tutto il giorno	tamām-e ruz	تمام روز
l'indomani	ruz-e ba'd	روز بعد
due giorni fa	do ruz-e piš	دو روز پیش
il giorno prima	ruz-e qabl	روز قبل
quotidiano (agg)	ruzāne	روزانه
ogni giorno	har ruz	هر روز
settimana (f)	hafte	هفته
la settimana scorsa	hafte-ye gozašte	هفته گذشته
la settimana prossima	hafte-ye āyande	هفته آینده
settimanale (agg)	haftegi	هفتگی
ogni settimana	har hafte	هر هفته
due volte alla settimana	do bār dar hafte	دو بار درهفته
ogni martedì	har sešanbe	هر سه شنبه

20. Ore. Giorno e notte

mattina (f)	sobh	صبح
di mattina	sobh	صبح
mezzogiorno (m)	zohr	ظهر
nel pomeriggio	ba'd az zohr	بعد ازظهر
sera (f)	asr	عصر
di sera	asr	عصر

notte (f)	šab	شب
di notte	šab	شب
mezzanotte (f)	nesfe šab	نصفه شب
secondo (m)	sānie	ثانیه
minuto (m)	daqiqe	دقیقه
ora (f)	sā'at	ساعت
mezzora (f)	nim sā'at	نیم ساعت
un quarto d'ora	yek rob'	یک ربع
quindici minuti	pānzdah daqiqe	پانزده دقیقه
ventiquattro ore	šabāne ruz	شبانه روز
levata (f) del sole	tolu-'e āftāb	طلوع آفتاب
alba (f)	sahar	سحر
mattutino (m)	sobh-e zud	صبح زود
tramonto (m)	qorub	غروب
di buon mattino	sobh-e zud	صبح زود
stamattina	emruz sobh	امروز صبح
domattina	fardā sobh	فردا صبح
oggi pomeriggio	emruz zohr	امروز ظهر
nel pomeriggio	ba'd az zohr	بعد ازظهر
domani pomeriggio	fardā ba'd az zohr	فردا بعد ازظهر
stasera	emšab	امشب
domani sera	fardā šab	فردا شب
alle tre precise	sar-e sā'at-e se	سر ساعت ۳
verso le quattro	nazdik-e sā'at-e čāhār	نزدیک ساعت ۴
per le dodici	nazdik zohr	نزدیک ظهر
fra venti minuti	bist daqiqe-ye digar	۲۰ دقیقه دیگر
fra un'ora	yek sā'at-e digar	یک ساعت دیگر
puntualmente	be moqe'	به موقع
un quarto di ...	yek rob' be	یک ربع به
entro un'ora	yek sā'at-e digar	یک ساعت دیگر
ogni quindici minuti	har pānzdah daqiqe	هر ۱۵ دقیقه
giorno e notte	šabāne ruz	شبانه روز

21. Mesi. Stagioni

gennaio (m)	žānvie	ژانویه
febbraio (m)	fevriye	فوریه
marzo (m)	mārs	مارس
aprile (m)	āvril	آوریل
maggio (m)	meh	مه
giugno (m)	žuan	ژوئن
luglio (m)	žuiye	ژوئیه
agosto (m)	owt	اوت
settembre (m)	septāmbr	سپتامبر
ottobre (m)	oktobr	اکتبر

novembre (m)	novāmbr	نوامبر
dicembre (m)	desāmr	دسامبر
primavera (f)	bahār	بهار
in primavera	dar bahār	در بهار
primaverile (agg)	bahāri	بهاری
estate (f)	tābestān	تابستان
in estate	dar tābestān	در تابستان
estivo (agg)	tābestāni	تابستانی
autunno (m)	pāyiz	پاییز
in autunno	dar pāyiz	در پاییز
autunnale (agg)	pāyizi	پاییزی
inverno (m)	zemestān	زمستان
in inverno	dar zemestān	در زمستان
invernale (agg)	zemestāni	زمستانی
mese (m)	māh	ماه
questo mese	in māh	این ماه
il mese prossimo	māh-e āyande	ماه آینده
il mese scorso	māh-e gozašte	ماه گذشته
un mese fa	yek māh qabl	یک ماه قبل
fra un mese	yek māh digar	یک ماه دیگر
fra due mesi	do māh-e digar	۲ ماه دیگر
un mese intero	tamām-e māh	تمام ماه
per tutto il mese	tamām-e māh	تمام ماه
mensile (rivista ~)	māhāne	ماهانه
mensilmente	māhāne	ماهانه
ogni mese	har māh	هر ماه
due volte al mese	do bār dar māh	دو بار درماه
anno (m)	sāl	سال
quest'anno	emsāl	امسال
l'anno prossimo	sāl-e āyande	سال آینده
l'anno scorso	sāl-e gozašte	سال گذشته
un anno fa	yek sāl qabl	یک سال قبل
fra un anno	yek sāl-e digar	یک سال دیگر
fra due anni	do sāl-e digar	۲ سال دیگر
un anno intero	tamām-e sāl	تمام سال
per tutto l'anno	tamām-e sāl	تمام سال
ogni anno	har sāl	هر سال
annuale (agg)	sālāne	سالانه
annualmente	sālāne	سالانه
quattro volte all'anno	čāhār bār dar sāl	چهار بار در سال
data (f) (~ di oggi)	tārix	تاریخ
data (f) (~ di nascita)	tārix	تاریخ
calendario (m)	taqvim	تقویم
mezz'anno (m)	nim sāl	نیم سال
semestre (m)	nim sāl	نیم سال

stagione (f) (estate, ecc.)	fasl	فصل
secolo (m)	qarn	قرن

22. Unità di misura

peso (m)	vazn	وزن
lunghezza (f)	tul	طول
larghezza (f)	arz	عرض
altezza (f)	ertefā'	ارتفاع
profondità (f)	omq	عمق
volume (m)	hajm	حجم
area (f)	masāhat	مساحت
grammo (m)	garm	گرم
milligrammo (m)	mili geram	میلی گرم
chilogrammo (m)	kilugeram	کیلوگرم
tonnellata (f)	ton	تن
libbra (f)	pond	پوند
oncia (f)	ons	اونس
metro (m)	metr	متر
millimetro (m)	mili metr	میلی متر
centimetro (m)	sāntimetr	سانتیمتر
chilometro (m)	kilumetr	کیلومتر
miglio (m)	māyel	مایل
pollice (m)	inč	اینچ
piede (f)	fowt	فوت
iarda (f)	yārd	یارد
metro (m) quadro	metr morabba'	متر مربع
ettaro (m)	hektār	هکتار
litro (m)	litr	لیتر
grado (m)	daraje	درجه
volt (m)	volt	ولت
ampere (m)	āmper	آمپر
cavallo vapore (m)	asb-e boxār	اسب بخار
quantità (f)	meqdār	مقدار
un po' di ...	kami	کمی
metà (f)	nim	نیم
dozzina (f)	dojin	دوجین
pezzo (m)	tā	تا
dimensione (f)	andāze	اندازه
scala (f) (modello in ~)	meqyās	مقیاس
minimo (agg)	haddeaqal	حداقل
minore (agg)	kučaktarin	کوچکترین
medio (agg)	motevasset	متوسط
massimo (agg)	haddeaksar	حداکثر
maggiore (agg)	bištarin	بیشترین

23. Contenitori

barattolo (m) di vetro	šišeh konserv	شیشه کنسرو
latta, lattina (f)	quti	قوطی
secchio (m)	satl	سطل
barile (m), botte (f)	boške	بشکه
catino (m)	tašt	تشت
serbatoio (m) (per liquidi)	maxzan	مخزن
fiaschetta (f)	qomqome	قمقمه
tanica (f)	dabbe	دبه
cisterna (f)	maxzan	مخزن
tazza (f)	livān	لیوان
tazzina (f) (~ di caffé)	fenjān	فنجان
piattino (m)	na'lbeki	نعلبکی
bicchiere (m) (senza stelo)	estekān	استکان
calice (m)	gilās-e šarāb	گیلاس شراب
casseruola (f)	qāblame	قابلمه
bottiglia (f)	botri	بطری
collo (m) (~ della bottiglia)	gardan-e botri	گردن بطری
caraffa (f)	tong	تنگ
brocca (f)	pārč	پارچ
recipiente (m)	zarf	ظرف
vaso (m) di coccio	sofāl	سفال
vaso (m) di fiori	goldān	گلدان
boccetta (f) (~ di profumo)	botri	بطری
fiala (f)	viyāl	ویال
tubetto (m)	tiyub	تیوب
sacco (m) (~ di patate)	kise	کیسه
sacchetto (m) (~ di plastica)	pākat	پاکت
pacchetto (m) (~ di sigarette, ecc.)	baste	بسته
scatola (f) (~ per scarpe)	ja'be	جعبه
cassa (f) (~ di vino, ecc.)	sanduq	صندوق
cesta (f)	sabad	سبد

ESSERE UMANO

Essere umano. Il corpo umano

24. Testa

testa (f)	sar	سر
viso (m)	surat	صورت
naso (m)	bini	بینی
bocca (f)	dahān	دهان
occhio (m)	češm	چشم
occhi (m pl)	češm-hā	چشم ها
pupilla (f)	mardomak	مردمک
sopracciglio (m)	abru	ابرو
ciglio (m)	može	مژه
palpebra (f)	pelek	پلک
lingua (f)	zabān	زبان
dente (m)	dandān	دندان
labbra (f pl)	lab-hā	لب ها
zigomi (m pl)	ostexānhā-ye gune	استخوان های گونه
gengiva (f)	lase	لثه
palato (m)	saqf-e dahān	سقف دهان
narici (f pl)	surāxhā-ye bini	سوراخ های بینی
mento (m)	čāne	چانه
mascella (f)	fak	فک
guancia (f)	gune	گونه
fronte (f)	pišāni	پیشانی
tempia (f)	gijgāh	گیجگاه
orecchio (m)	guš	گوش
nuca (f)	pas gardan	پس گردن
collo (m)	gardan	گردن
gola (f)	galu	گلو
capelli (m pl)	mu-hā	مو ها
pettinatura (f)	model-e mu	مدل مو
taglio (m)	model-e mu	مدل مو
parrucca (f)	kolāh-e gis	کلاه گیس
baffi (m pl)	sebil	سبیل
barba (f)	riš	ریش
portare (~ la barba, ecc.)	gozāštan	گذاشتن
treccia (f)	muy-ye bāfte	موی بافته
basette (f pl)	xatt-e riš	خط ریش
rosso (agg)	muqermez	موقرمز
brizzolato (agg)	sefid-e mu	سفید مو

calvo (agg)	tās	طاس
calvizie (f)	tāsi	طاسی
coda (f) di cavallo	dom-e asbi	دم اسبی
frangetta (f)	čatri	چتری

25. Corpo umano

mano (f)	dast	دست
braccio (m)	bāzu	بازو
dito (m)	angošt	انگشت
dito (m) del piede	šast-e pā	شست پا
pollice (m)	šost	شست
mignolo (m)	angošt-e kučak	انگشت کوچک
unghia (f)	nāxon	ناخن
pugno (m)	mošt	مشت
palmo (m)	kaf-e dast	کف دست
polso (m)	moč-e dast	مچ دست
avambraccio (m)	sā'ed	ساعد
gomito (m)	āranj	آرنج
spalla (f)	ketf	کتف
gamba (f)	pā	پا
pianta (f) del piede	pā	پا
ginocchio (m)	zānu	زانو
polpaccio (m)	sāq	ساق
anca (f)	rān	ران
tallone (m)	pāšne-ye pā	پاشنۀ پا
corpo (m)	badan	بدن
pancia (f)	šekam	شکم
petto (m)	sine	سینه
seno (m)	sine	سینه
fianco (m)	pahlu	پهلو
schiena (f)	pošt	پشت
zona (f) lombare	kamar	کمر
vita (f)	dur-e kamar	دور کمر
ombelico (m)	nāf	ناف
natiche (f pl)	nešiman-e gāh	نشیمن گاه
sedere (m)	bāsan	باسن
neo (m)	xāl	خال
voglia (f) (~ di fragola)	xāl-e mādarzād	خال مادرزاد
tatuaggio (m)	xāl kubi	خال کوبی
cicatrice (f)	jā-ye zaxm	جای زخم

Abbigliamento e Accessori

26. Indumenti. Soprabiti

vestiti (m pl)	lebās	لباس
soprabito (m)	lebās-e ru	لباس رو
abiti (m pl) invernali	lebās-e zemestāni	لباس زمستانی
cappotto (m)	pāltow	پالتو
pelliccia (f)	pālto-ye pustin	پالتوی پوستین
pellicciotto (m)	kot-e pustin	کت پوستین
piumino (m)	kāpšan	کاپشن
giubbotto (m), giaccha (f)	kot	کت
impermeabile (m)	bārāni	بارانی
impermeabile (agg)	zed-e āb	ضد آب

27. Men's & women's clothing

camicia (f)	pirāhan	پیراهن
pantaloni (m pl)	šalvār	شلوار
jeans (m pl)	jin	جین
giacca (f) (~ di tweed)	kot	کت
abito (m) da uomo	kat-o šalvār	کت و شلوار
abito (m)	lebās	لباس
gonna (f)	dāman	دامن
camicetta (f)	boluz	بلوز
giacca (f) a maglia	jeliqe-ye kešbāf	جلیقه کشباف
giacca (f) tailleur	kot	کت
maglietta (f)	tey šarr-at	تی شرت
pantaloni (m pl) corti	šalvarak	شلوارک
tuta (f) sportiva	lebās-e varzeši	لباس ورزشی
accappatoio (m)	howle-ye hamām	حوله حمام
pigiama (m)	pižāme	پیژامه
maglione (m)	poliver	پلیور
pullover (m)	poliver	پلیور
gilè (m)	jeliqe	جلیقه
frac (m)	kat-e dāman gerd	کت دامن گرد
smoking (m)	esmoking	اسموکینگ
uniforme (f)	oniform	اونیفورم
tuta (f) da lavoro	lebās-e kār	لباس کار
salopette (f)	rupuš	روپوش
camice (m) (~ del dottore)	rupuš	روپوش

28. Abbigliamento. Biancheria intima

biancheria (f) intima	lebās-e zir	لباس زیر
boxer (m pl)	šort-e bākser	شورت باکسر
mutandina (f)	šort-e zanāne	شورت زنانه
maglietta (f) intima	zir-e pirāhan-i	زیر پیراهنی
calzini (m pl)	jurāb	جوراب
camicia (f) da notte	lebās-e xāb	لباس خواب
reggiseno (m)	sine-ye band	سینه بند
calzini (m pl) alti	sāq	ساق
collant (m)	jurāb-e šalvāri	جوراب شلواری
calze (f pl)	jurāb-e sāqeboland	جوراب ساقه بلند
costume (m) da bagno	māyo	مایو

29. Copricapo

cappello (m)	kolāh	کلاه
cappello (m) di feltro	šāpo	شاپو
cappello (m) da baseball	kolāh beysbāl	کلاه بیس بال
coppola (f)	kolāh-e taxt	کلاه تخت
basco (m)	kolāh barre	کلاه بره
cappuccio (m)	kolāh-e bārāni	کلاه بارانی
panama (m)	kolāh-e dowre-ye boland	کلاه دوره بلند
berretto (m) a maglia	kolāh-e bāftani	کلاه بافتنی
fazzoletto (m) da capo	rusari	روسری
cappellino (m) donna	kolāh-e zanāne	کلاه زنانه
casco (m) (~ di sicurezza)	kolāh-e imeni	کلاه ایمنی
bustina (f)	kolāh-e pādegān	کلاه پادگان
casco (m) (~ moto)	kolāh-e imeni	کلاه ایمنی
bombetta (f)	kolāh-e namadi	کلاه نمدی
cilindro (m)	kolāh-e ostovānei	کلاه استوانه ای

30. Calzature

calzature (f pl)	kafš	کفش
stivaletti (m pl)	putin	پوتین
scarpe (f pl)	kafš	کفش
stivali (m pl)	čakme	چکمه
pantofole (f pl)	dampāyi	دمپایی
scarpe (f pl) da tennis	kafš katān-i	کفش کتانی
scarpe (f pl) da ginnastica	kafš katān-i	کفش کتانی
sandali (m pl)	sandal	صندل
calzolaio (m)	kaffāš	کفاش
tacco (m)	pāšne-ye kafš	پاشنهٔ کفش

paio (m)	yek joft	یک جفت
laccio (m)	band-e kafš	بند کفش
allacciare (vt)	band-e kafš bastan	بند کفش بستن
calzascarpe (m)	pāšne keš	پاشنه کش
lucido (m) per le scarpe	vāks	واکس

31. Accessori personali

guanti (m pl)	dastkeš	دستکش
manopole (f pl)	dastkeš-e yek angošti	دستکش یک انگشتی
sciarpa (f)	šāl-e gardan	شال گردن
occhiali (m pl)	eynak	عینک
montatura (f)	qāb	قاب
ombrello (m)	čatr	چتر
bastone (m)	asā	عصا
spazzola (f) per capelli	bores-e mu	برس مو
ventaglio (m)	bādbezan	بادبزن
cravatta (f)	kerāvāt	کراوات
cravatta (f) a farfalla	pāpiyon	پاپیون
bretelle (f pl)	band šalvār	بند شلوار
fazzoletto (m)	dastmāl	دستمال
pettine (m)	šāne	شانه
fermaglio (m)	sanjāq-e mu	سنجاق مو
forcina (f)	sanjāq-e mu	سنجاق مو
fibbia (f)	sagak	سگک
cintura (f)	kamarband	کمربند
spallina (f)	tasme	تسمه
borsa (f)	keyf	کیف
borsetta (f)	keyf-e zanāne	کیف زنانه
zaino (m)	kule pošti	کولهٔ پشتی

32. Abbigliamento. Varie

moda (f)	mod	مد
di moda	mod	مد
stilista (m)	tarrāh-e lebas	طراح لباس
collo (m)	yaqe	یقه
tasca (f)	jib	جیب
tascabile (agg)	jibi	جیبی
manica (f)	āstin	آستین
asola (f) per appendere	band-e āviz	بند آویز
patta (f) (~ dei pantaloni)	zip	زیپ
cerniera (f) lampo	zip	زیپ
chiusura (f)	sagak	سگک
bottone (m)	dokme	دکمه

occhiello (m)	surāx-e dokme	سوراخ دكمه
staccarsi (un bottone)	kande šodan	كنده شدن
cucire (vi, vt)	duxtan	دوختن
ricamare (vi, vt)	golduzi kardan	گلدوزی کردن
ricamo (m)	golduzi	گلدوزی
ago (m)	suzan	سوزن
filo (m)	nax	نخ
cucitura (f)	darz	درز
sporcarsi (vr)	kasif šodan	كثيف شدن
macchia (f)	lakke	لكه
sgualcirsi (vr)	čoruk šodan	چروک شدن
strappare (vt)	pāre kardan	پاره کردن
tarma (f)	šab parre	شب پره

33. Cura della persona. Cosmetici

dentifricio (m)	xamir-e dandān	خمير دندان
spazzolino (m) da denti	mesvāk	مسواک
lavarsi i denti	mesvāk zadan	مسواک زدن
rasoio (m)	tiq	تيغ
crema (f) da barba	kerem-e riš tarāši	کرم ریش تراشی
rasarsi (vr)	riš tarāšidan	ریش تراشیدن
sapone (m)	sābun	صابون
shampoo (m)	šāmpu	شامپو
forbici (f pl)	qeyči	قیچی
limetta (f)	sohan-e nāxon	سوهان ناخن
tagliaunghie (m)	nāxon gir	ناخن گیر
pinzette (f pl)	mučin	موچین
cosmetica (f)	lavāzem-e ārāyeši	لوازم آرایشی
maschera (f) di bellezza	māsk	ماسک
manicure (m)	mānikur	مانیکور
fare la manicure	mānikur kardan	مانیکور کردن
pedicure (m)	pedikur	پدیکور
borsa (f) del trucco	kife lavāzem-e ārāyeši	کیف لوازم آرایشی
cipria (f)	pudr	پودر
portacipria (m)	ja'be-ye pudr	جعبهٔ پودر
fard (m)	sorxāb	سرخاب
profumo (m)	atr	عطر
acqua (f) da toeletta	atr	عطر
lozione (f)	losiyon	لوسیون
acqua (f) di Colonia	odkolon	اودکلن
ombretto (m)	sāye-ye češm	سایه چشم
eyeliner (m)	medād čašm	مداد چشم
mascara (m)	rimel	ریمل
rossetto (m)	mātik	ماتیک

smalto (m)	lāk-e nāxon	لاک ناخن
lacca (f) per capelli	esperey-ye mu	اسپری مو
deodorante (m)	deodyrant	دئودورانت
crema (f)	kerem	کرم
crema (f) per il viso	kerem-e surat	کرم صورت
crema (f) per le mani	kerem-e dast	کرم دست
crema (f) antirughe	kerem-e zedd-e čoruk	کرم ضد چروک
crema (f) da giorno	kerem-e ruz	کرم روز
crema (f) da notte	kerem-e šab	کرم شب
da giorno	ruzāne	روزانه
da notte	šab	شب
tampone (m)	tāmpon	تامپون
carta (f) igienica	kāqaz-e tuālet	کاغذ توالت
fon (m)	sešovār	سشوار

34. Orologi da polso. Orologio

orologio (m) (~ da polso)	sā'at-e moči	ساعت مچی
quadrante (m)	safhe-ye sā'at	صفحهٔ ساعت
lancetta (f)	aqrabe	عقربه
braccialetto (m)	band-e sāat	بند ساعت
cinturino (m)	band-e čarmi	بند چرمی
pila (f)	bātri	باطری
essere scarico	tamām šodan bātri	تمام شدن باتری
cambiare la pila	bātri avaz kardan	باطری عوض کردن
andare avanti	jelo oftādan	جلو افتادن
andare indietro	aqab māndan	عقب ماندن
orologio (m) da muro	sā'at-e divāri	ساعت دیواری
clessidra (f)	sā'at-e šeni	ساعت شنی
orologio (m) solare	sā'at-e āftābi	ساعت آفتابی
sveglia (f)	sā'at-e zang dār	ساعت زنگ دار
orologiaio (m)	sā'at sāz	ساعت ساز
riparare (vt)	ta'mir kardan	تعمیر کردن

Cibo. Alimentazione

35. Cibo

carne (f)	gušt	گوشت
pollo (m)	morq	مرغ
pollo (m) novello	juje	جوجه
anatra (f)	ordak	اردک
oca (f)	qāz	غاز
cacciagione (f)	gušt-e šekār	گوشت شکار
tacchino (m)	gušt-e buqalamun	گوشت بوقلمون
maiale (m)	gušt-e xuk	گوشت خوک
vitello (m)	gušt-e gusāle	گوشت گوساله
agnello (m)	gušt-e gusfand	گوشت گوسفند
manzo (m)	gušt-e gāv	گوشت گاو
coniglio (m)	xarguš	خرگوش
salame (m)	kālbās	کالباس
w?rstel (m)	sosis	سوسیس
pancetta (f)	beykon	بیکن
prosciutto (m)	žāmbon	ژامبون
prosciutto (m) affumicato	rān xuk	ران خوک
pâté (m)	pāte	پاته
fegato (m)	jegar	جگر
carne (f) trita	hamberger	همبرگر
lingua (f)	zabān	زبان
uovo (m)	toxm-e morq	تخم مرغ
uova (f pl)	toxm-e morq-ha	تخم مرغ ها
albume (m)	sefide-ye toxm-e morq	سفیده تخم مرغ
tuorlo (m)	zarde-ye toxm-e morq	زرده تخم مرغ
pesce (m)	māhi	ماهی
frutti (m pl) di mare	qazā-ye daryāyi	غذای دریایی
crostacei (m pl)	saxtpustān	سختپوستان
caviale (m)	xāviār	خاویار
granchio (m)	xarčang	خرچنگ
gamberetto (m)	meygu	میگو
ostrica (f)	sadaf-e xorāki	صدف خوراکی
aragosta (f)	xarčang-e xārdār	خرچنگ خاردار
polpo (m)	hašt pā	هشت پا
calamaro (m)	māhi-ye morakkab	ماهی مرکب
storione (m)	māhi-ye xāviār	ماهی خاویار
salmone (m)	māhi-ye salemon	ماهی سالمون
ippoglosso (m)	halibut	هالیبوت
merluzzo (m)	māhi-ye rowqan	ماهی روغن

scombro (m)	māhi-ye esqumeri	ماهی اسقومری
tonno (m)	tan māhi	تن ماهی
anguilla (f)	mārmāhi	مارماهی
trota (f)	māhi-ye qezelālā	ماهی قزل آلا
sardina (f)	sārdin	ساردین
luccio (m)	ordak māhi	اردک ماهی
aringa (f)	māhi-ye šur	ماهی شور
pane (m)	nān	نان
formaggio (m)	panir	پنیر
zucchero (m)	qand	قند
sale (m)	namak	نمک
riso (m)	berenj	برنج
pasta (f)	mākāroni	ماکارونی
tagliatelle (f pl)	rešte-ye farangi	رشته فرنگی
burro (m)	kare	کره
olio (m) vegetale	rowqan-e nabāti	روغن نباتی
olio (m) di girasole	rowqan āftābgardān	روغن آفتاب گردان
margarina (f)	mārgārin	مارگارین
olive (f pl)	zeytun	زیتون
olio (m) d'oliva	rowqan-e zeytun	روغن زیتون
latte (m)	šir	شیر
latte (m) condensato	šir-e čegāl	شیر چگال
yogurt (m)	mās-at	ماست
panna (f) acida	xāme-ye torš	خامۀ ترش
panna (f)	saršir	سرشیر
maionese (m)	māyonez	مایونز
crema (f)	xāme	خامه
cereali (m pl)	hobubāt	حبوبات
farina (f)	ārd	آرد
cibi (m pl) in scatola	konserv-hā	کنسرو ها
fiocchi (m pl) di mais	bereštuk	برشتوک
miele (m)	asal	عسل
marmellata (f)	morabbā	مربا
gomma (f) da masticare	ādāms	آدامس

36. Bevande

acqua (f)	āb	آب
acqua (f) potabile	āb-e āšāmidani	آب آشامیدنی
acqua (f) minerale	āb-e ma'dani	آب معدنی
liscia (non gassata)	bedun-e gāz	بدون گاز
gassata (agg)	gāzdār	گازدار
frizzante (agg)	gāzdār	گازدار
ghiaccio (m)	yax	یخ

con ghiaccio	yax dār	یخ دار
analcolico (agg)	bi alkol	بی الکل
bevanda (f) analcolica	nušābe-ye bi alkol	نوشابۀ بی الکل
bibita (f)	nušābe-ye xonak	نوشابۀ خنک
limonata (f)	limunād	لیموناد
bevande (f pl) alcoliche	mašrubāt-e alkoli	مشروبات الکلی
vino (m)	šarāb	شراب
vino (m) bianco	šarāb-e sefid	شراب سفید
vino (m) rosso	šarāb-e sorx	شراب سرخ
liquore (m)	likor	لیکور
champagne (m)	šāmpāyn	شامپاین
vermouth (m)	vermut	ورموت
whisky	viski	ویسکی
vodka (f)	vodkā	ودکا
gin (m)	jin	جین
cognac (m)	konyāk	کنیاک
rum (m)	araq-e neyšekar	عرق نیشکر
caffè (m)	qahve	قهوه
caffè (m) nero	qahve-ye talx	قهوۀ تلخ
caffè latte (m)	šir-qahve	شیرقهوه
cappuccino (m)	kāpočino	کاپوچینو
caffè (m) solubile	qahve-ye fowri	قهوه فوری
latte (m)	šir	شیر
cocktail (m)	kuktel	کوکتل
frullato (m)	kuktele šir	کوکتل شیر
succo (m)	āb-e mive	آب میوه
succo (m) di pomodoro	āb-e gowjefarangi	آب گوجه فرنگی
succo (m) d'arancia	āb-e porteqāl	آب پرتقال
spremuta (f)	āb-e mive-ye taze	آب میوۀ تازه
birra (f)	ābejow	آبجو
birra (f) chiara	ābejow-ye sabok	آبجوی سبک
birra (f) scura	ābejow-ye tire	آبجوی تیره
tè (m)	čāy	چای
tè (m) nero	čāy-e siyāh	چای سیاه
tè (m) verde	čāy-e sabz	چای سبز

37. Verdure

ortaggi (m pl)	sabzijāt	سبزیجات
verdura (f)	sabzi	سبزی
pomodoro (m)	gowje farangi	گوجه فرنگی
cetriolo (m)	xiyār	خیار
carota (f)	havij	هویج
patata (f)	sib zamini	سیب زمینی
cipolla (f)	piyāz	پیاز

38

aglio (m)	sir	سیر
cavolo (m)	kalam	کلم
cavolfiore (m)	gol kalam	گل کلم
cavoletti (m pl) di Bruxelles	koll-am boruksel	کلم بروکسل
broccolo (m)	kalam borokli	کلم بروکلی
barbabietola (f)	čoqondar	چغندر
melanzana (f)	bādenjān	بادنجان
zucchina (f)	kadu sabz	کدو سبز
zucca (f)	kadu tanbal	کدو تنبل
rapa (f)	šalqam	شلغم
prezzemolo (m)	ja'fari	جعفری
aneto (m)	šavid	شوید
lattuga (f)	kāhu	کاهو
sedano (m)	karafs	کرفس
asparago (m)	mārčube	مارچوبه
spinaci (m pl)	esfenāj	اسفناج
pisello (m)	noxod	نخود
fave (f pl)	lubiyā	لوبیا
mais (m)	zorrat	ذرت
fagiolo (m)	lubiyā qermez	لوبیا قرمز
peperone (m)	felfel	فلفل
ravanello (m)	torobče	ترپچه
carciofo (m)	kangar farangi	کنگرفرنگی

38. Frutta. Noci

frutto (m)	mive	میوه
mela (f)	sib	سیب
pera (f)	golābi	گلابی
limone (m)	limu	لیمو
arancia (f)	porteqāl	پرتقال
fragola (f)	tut-e farangi	توت فرنگی
mandarino (m)	nārengi	نارنگی
prugna (f)	ālu	آلو
pesca (f)	holu	هلو
albicocca (f)	zardālu	زردآلو
lampone (m)	tamešk	تمشک
ananas (m)	ānānās	آناناس
banana (f)	mowz	موز
anguria (f)	hendevāne	هندوانه
uva (f)	angur	انگور
amarena (f)	ālbālu	آلبالو
ciliegia (f)	gilās	گیلاس
melone (m)	xarboze	خربزه
pompelmo (m)	gerip forut	گریپ فوروت
avocado (m)	āvokādo	اووکادو
papaia (f)	pāpāyā	پاپایا

mango (m)	anbe	انبه
melagrana (f)	anār	انار
ribes (m) rosso	angur-e farangi-ye sorx	انگور فرنگی سرخ
ribes (m) nero	angur-e farangi-ye siyāh	انگور فرنگی سیاه
uva (f) spina	angur-e farangi	انگور فرنگی
mirtillo (m)	zoqāl axte	زغال اخته
mora (f)	šāh tut	شاه توت
uvetta (f)	kešmeš	کشمش
fico (m)	anjir	انجیر
dattero (m)	xormā	خرما
arachide (f)	bādām zamin-i	بادام زمینی
mandorla (f)	bādām	بادام
noce (f)	gerdu	گردو
nocciola (f)	fandoq	فندق
noce (f) di cocco	nārgil	نارگیل
pistacchi (m pl)	peste	پسته

39. Pane. Dolci

pasticceria (f)	širini jāt	شیرینی جات
pane (m)	nān	نان
biscotti (m pl)	biskuit	بیسکویت
cioccolato (m)	šokolāt	شکلات
al cioccolato (agg)	šokolāti	شکلاتی
caramella (f)	āb nabāt	آب نبات
tortina (f)	nān-e širini	نان شیرینی
torta (f)	širini	شیرینی
crostata (f)	keyk	کیک
ripieno (m)	čāšni	چاشنی
marmellata (f)	morabbā	مربا
marmellata (f) di agrumi	mārmālād	مارمالاد
wafer (m)	vāfel	وافل
gelato (m)	bastani	بستنی
budino (m)	puding	پودینگ

40. Pietanze cucinate

piatto (m) (~ principale)	qazā	غذا
cucina (f)	qazā	غذا
ricetta (f)	dastur-e poxt	دستور پخت
porzione (f)	pors	پرس
insalata (f)	sālād	سالاد
minestra (f)	sup	سوپ
brodo (m)	pāye-ye sup	پایه سوپ
panino (m)	sāndevič	ساندویچ

uova (f pl) al tegamino	nimru	نیمرو
hamburger (m)	hamberger	همبرگر
bistecca (f)	esteyk	استیک
contorno (m)	moxallafāt	مخلفات
spaghetti (m pl)	espāgeti	اسپاگتی
purè (m) di patate	pure-ye sibi zamini	پورهٔ سیب زمینی
pizza (f)	pitzā	پیتزا
porridge (m)	šurbā	شوربا
frittata (f)	ommol-at	املت
bollito (agg)	āb paz	آب پز
affumicato (agg)	dudi	دودی
fritto (agg)	sorx šode	سرخ شده
secco (agg)	xošk	خشک
congelato (agg)	yax zade	یخ زده
sottoaceto (agg)	torši	ترشی
dolce (gusto)	širin	شیرین
salato (agg)	šur	شور
freddo (agg)	sard	سرد
caldo (agg)	dāq	داغ
amaro (agg)	talx	تلخ
buono, gustoso (agg)	xoš mazze	خوش مزه
cuocere, preparare (vt)	poxtan	پختن
cucinare (vi)	poxtan	پختن
friggere (vt)	sorx kardan	سرخ کردن
riscaldare (vt)	garm kardan	گرم کردن
salare (vt)	namak zadan	نمک زدن
pepare (vt)	felfel pāšidan	فلفل پاشیدن
grattugiare (vt)	rande kardan	رنده کردن
buccia (f)	pust	پوست
sbucciare (vt)	pust kandan	پوست کندن

41. Spezie

sale (m)	namak	نمک
salato (agg)	šur	شور
salare (vt)	namak zadan	نمک زدن
pepe (m) nero	felfel-e siyāh	فلفل سیاه
peperoncino (m)	felfel-e sorx	فلفل سرخ
senape (f)	xardal	خردل
cren (m)	torob-e kuhi	ترب کوهی
condimento (m)	adviye	ادویه
spezie (f pl)	adviye	ادویه
salsa (f)	ses	سس
aceto (m)	serke	سرکه
anice (m)	rāziyāne	رازیانه
basilico (m)	reyhān	ریحان

chiodi (m pl) di garofano	mixak	میخک
zenzero (m)	zanjefil	زنجفیل
coriandolo (m)	gešniz	گشنیز
cannella (f)	dārčin	دارچین
sesamo (m)	konjed	کنجد
alloro (m)	barg-e bu	برگ بو
paprica (f)	paprika	پاپریکا
cumino (m)	zire	زیره
zafferano (m)	za'ferān	زعفران

42. Pasti

cibo (m)	qazā	غذا
mangiare (vi, vt)	xordan	خوردن
colazione (f)	sobhāne	صبحانه
fare colazione	sobhāne xordan	صبحانه خوردن
pranzo (m)	nāhār	ناهار
pranzare (vi)	nāhār xordan	ناهار خوردن
cena (f)	šām	شام
cenare (vi)	šām xordan	شام خوردن
appetito (m)	eštehā	اشتها
Buon appetito!	nuš-e jān	نوش جان
aprire (vt)	bāz kardan	باز کردن
rovesciare (~ il vino, ecc.)	rixtan	ریختن
rovesciarsi (vr)	rixtan	ریختن
bollire (vi)	jušidan	جوشیدن
far bollire	jušāndan	جوشاندن
bollito (agg)	jušide	جوشیده
raffreddare (vt)	sard kardan	سرد کردن
raffreddarsi (vr)	sard šodan	سرد شدن
gusto (m)	maze	مزه
retrogusto (m)	maze	مزه
essere a dieta	lāqar kardan	لاغر کردن
dieta (f)	režim	رژیم
vitamina (f)	vitāmin	ویتامین
caloria (f)	kālori	کالری
vegetariano (m)	giyāh xār	گیاه خوار
vegetariano (agg)	giyāh xāri	گیاه خواری
grassi (m pl)	čarbi-hā	چربی ها
proteine (f pl)	porotein	پروتئین
carboidrati (m pl)	karbohidrāt-hā	کربو هیدرات ها
fetta (f), fettina (f)	qet'e	قطعه
pezzo (m) (~ di torta)	tekke	تکه
briciola (f) (~ di pane)	zarre	ذره

43. Preparazione della tavola

cucchiaio (m)	qāšoq	قاشق
coltello (m)	kārd	کارد
forchetta (f)	čangāl	چنگال
tazza (f)	fenjān	فنجان
piatto (m)	bošqāb	بشقاب
piattino (m)	na'lbeki	نعلبکی
tovagliolo (m)	dastmāl	دستمال
stuzzicadenti (m)	xelāl-e dandān	خلال دندان

44. Ristorante

ristorante (m)	resturān	رستوران
caffè (m)	kāfe	کافه
pub (m), bar (m)	bār	بار
sala (f) da tè	qahve xāne	قهوه خانه
cameriere (m)	pišxedmat	پیشخدمت
cameriera (f)	pišxedmat	پیشخدمت
barista (m)	motesaddi-ye bār	متصدی بار
menù (m)	meno	منو
lista (f) dei vini	kārt-e šarāb	کارت شراب
prenotare un tavolo	miz rezerv kardan	میز رزرو کردن
piatto (m)	qazā	غذا
ordinare (~ il pranzo)	sefāreš dādan	سفارش دادن
fare un'ordinazione	sefāreš dādan	سفارش دادن
aperitivo (m)	mašrub-e piš qazā	مشروب پیش غذا
antipasto (m)	piš qazā	پیش غذا
dolce (m)	deser	دسر
conto (m)	surat hesāb	صورت حساب
pagare il conto	surat-e hesāb rā pardāxtan	صورت حساب را پرداختن
dare il resto	baqiye rā dādan	بقیه را دادن
mancia (f)	an'ām	انعام

Famiglia, parenti e amici

45. Informazioni personali. Moduli

nome (m)	esm	اسم
cognome (m)	nām-e xānevādegi	نام خانوادگی
data (f) di nascita	tārix-e tavallod	تاریخ تولد
luogo (m) di nascita	mahall-e tavallod	محل تولد
nazionalità (f)	melliyat	ملیت
domicilio (m)	mahall-e sokunat	محل سکونت
paese (m)	kešvar	کشور
professione (f)	šoql	شغل
sesso (m)	jens	جنس
statura (f)	qad	قد
peso (m)	vazn	وزن

46. Membri della famiglia. Parenti

madre (f)	mādar	مادر
padre (m)	pedar	پدر
figlio (m)	pesar	پسر
figlia (f)	doxtar	دختر
figlia (f) minore	doxtar-e kučak	دختر کوچک
figlio (m) minore	pesar-e kučak	پسر کوچک
figlia (f) maggiore	doxtar-e bozorg	دختر بزرگ
figlio (m) maggiore	pesar-e bozorg	پسر بزرگ
fratello (m)	barādar	برادر
fratello (m) maggiore	barādar-e bozorg	برادر بزرگ
fratello (m) minore	barādar-e kučak	برادر کوچک
sorella (f)	xāhar	خواهر
sorella (f) maggiore	xāhar-e bozorg	خواهر بزرگ
sorella (f) minore	xāhar-e kučak	خواهر کوچک
cugino (m)	pesar 'amu	پسر عمو
cugina (f)	doxtar amu	دختر عمو
mamma (f)	māmān	مامان
papà (m)	bābā	بابا
genitori (m pl)	vāledeyn	والدین
bambino (m)	kudak	کودک
bambini (m pl)	bače-hā	بچه ها
nonna (f)	mādarbozorg	مادربزرگ
nonno (m)	pedar-bozorg	پدربزرگ

nipote (m) (figlio di un figlio)	nave	نوه
nipote (f)	nave	نوه
nipoti (pl)	nave-hā	نوه ها
zio (m)	amu	عمو
zia (f)	xāle yā amme	خاله یا عمه
nipote (m) (figlio di un fratello)	barādar-zāde	برادرزاده
nipote (f)	xāhar-zāde	خواهرزاده
suocera (f)	mādarzan	مادرزن
suocero (m)	pedar-šowhar	پدرشوهر
genero (m)	dāmād	داماد
matrigna (f)	nāmādari	نامادری
patrigno (m)	nāpedari	ناپدری
neonato (m)	nowzād	نوزاد
infante (m)	širxār	شیرخوار
bimbo (m), ragazzino (m)	pesar-e kučulu	پسر کوچولو
moglie (f)	zan	زن
marito (m)	šowhar	شوهر
coniuge (m)	hamsar	همسر
coniuge (f)	hamsar	همسر
sposato (agg)	mote'ahhel	متاهل
sposata (agg)	mote'ahhel	متاهل
celibe (agg)	mojarrad	مجرد
scapolo (m)	mojarrad	مجرد
divorziato (agg)	talāq gerefte	طلاق گرفته
vedova (f)	bive zan	بیوه زن
vedovo (m)	bive	بیوه
parente (m)	xišāvand	خویشاوند
parente (m) stretto	aqvām-e nazdik	اقوام نزدیک
parente (m) lontano	aqvām-e dur	اقوام دور
parenti (m pl)	aqvām	اقوام
orfano (m), orfana (f)	yatim	یتیم
tutore (m)	qayyem	قیم
adottare (~ un bambino)	be pesari gereftan	به پسری گرفتن
adottare (~ una bambina)	be doxtari gereftan	به دختری گرفتن

Medicinali

47. Malattie

malattia (f)	bimāri	بیماری
essere malato	bimār budan	بیمار بودن
salute (f)	salāmati	سلامتی

raffreddore (m)	āb-e rizeš-e bini	آب ریزش بینی
tonsillite (f)	varam-e lowze	ورم لوزه
raffreddore (m)	sarmā xordegi	سرما خوردگی
raffreddarsi (vr)	sarmā xordan	سرما خوردن

bronchite (f)	boronšit	برنشیت
polmonite (f)	zātorrie	ذات الریه
influenza (f)	ānfolānzā	آنفولانزا

miope (agg)	nazdik bin	نزدیک بین
presbite (agg)	durbin	دوربین
strabismo (m)	enherāf-e čašm	انحراف چشم
strabico (agg)	luč	لوچ
cateratta (f)	āb morvārid	آب مروارید
glaucoma (m)	ab-e siyāh	آب سیاه

ictus (m) cerebrale	sekte-ye maqzi	سکته مغزی
attacco (m) di cuore	sekte-ye qalbi	سکته قلبی
infarto (m) miocardico	ānfārktus	آنفارکتوس
paralisi (f)	falaji	فلجی
paralizzare (vt)	falj kardan	فلج کردن

allergia (f)	ālerži	آلرژی
asma (f)	āsm	آسم
diabete (m)	diyābet	دیابت

mal (m) di denti	dandān-e dard	دندان درد
carie (f)	pusidegi	پوسیدگی

diarrea (f)	eshāl	اسهال
stitichezza (f)	yobusat	یبوست
disturbo (m) gastrico	nārāhati-ye me'de	ناراحتی معده
intossicazione (f) alimentare	masmumiyat	مسمومیت
intossicarsi (vr)	masmum šodan	مسموم شدن

artrite (f)	varam-e mafāsel	ورم مفاصل
rachitide (f)	rāšitism	راشیتیسم
reumatismo (m)	romātism	روماتیسم
aterosclerosi (f)	tasallob-e šarāin	تصلب شرائین

gastrite (f)	varam-e me'de	ورم معده
appendicite (f)	āpāndisit	آپاندیسیت

colecistite (f)	eltehāb-e kise-ye safrā	التهاب كيسه صفرا
ulcera (f)	zaxm	زخم
morbillo (m)	sorxak	سرخک
rosolia (f)	sorxje	سرخجه
itterizia (f)	yaraqān	يرقان
epatite (f)	hepātit	هپاتيت
schizofrenia (f)	šizoferni	شيزوفرنى
rabbia (f)	hāri	هارى
nevrosi (f)	extelāl-e a'sāb	اختلال اعصاب
commozione (f) cerebrale	zarbe-ye maqzi	ضربه مغزى
cancro (m)	saratān	سرطان
sclerosi (f)	eskeleroz	اسكلروز
sclerosi (f) multipla	eskeleroz čandgāne	اسكلروز چندگانه
alcolismo (m)	alkolism	الكليسم
alcolizzato (m)	alkoli	الكلى
sifilide (f)	siflis	سيفليس
AIDS (m)	eydz	ايدز
tumore (m)	tumor	تومور
maligno (agg)	bad xim	بد خيم
benigno (agg)	xoš xim	خوش خيم
febbre (f)	tab	تب
malaria (f)	mālāriyā	مالاريا
cancrena (f)	qānqāriyā	قانقاريا
mal (m) di mare	daryā-zadegi	دريازدگى
epilessia (f)	sar'	صرع
epidemia (f)	epidemi	اپيدمى
tifo (m)	hasbe	حصبه
tubercolosi (f)	sel	سل
colera (m)	vabā	وبا
peste (f)	tā'un	طاعون

48. Sintomi. Cure. Parte 1

sintomo (m)	alāem-e bimāri	علائم بيمارى
temperatura (f)	damā	دما
febbre (f) alta	tab	تب
polso (m)	nabz	نبض
capogiro (m)	sargije	سرگيجه
caldo (agg)	dāq	داغ
brivido (m)	ra'še	رعشه
pallido (un viso ~)	rang paride	رنگ پريده
tosse (f)	sorfe	سرفه
tossire (vi)	sorfe kardan	سرفه كردن
starnutire (vi)	atse kardan	عطسه كردن
svenimento (m)	qaš	غش

svenire (vi)	qaš kardan	غش کردن
livido (m)	kabudi	کبودی
bernoccolo (m)	barāmadegi	برآمدگی
farsi un livido	barxord kardan	برخورد کردن
contusione (f)	kuftegi	کوفتگی
farsi male	zarb didan	ضرب دیدن
zoppicare (vi)	langidan	لنگیدن
slogatura (f)	dar raftegi	دررفتگی
slogarsi (vr)	dar raftan	دررفتن
frattura (f)	šekastegi	شکستگی
fratturarsi (vr)	dočār-e šekastegi šodan	دچار شکستگی شدن
taglio (m)	boridegi	بریدگی
tagliarsi (vr)	boridan	بریدن
emorragia (f)	xunrizi	خونریزی
scottatura (f)	suxtegi	سوختگی
scottarsi (vr)	dočār-e suxtegi šodan	دچار سوختگی شدن
pungere (vt)	surāx kardan	سوراخ کردن
pungersi (vr)	surāx kardan	سوراخ کردن
ferire (vt)	āsib resāndan	آسیب رساندن
ferita (f)	zaxm	زخم
lesione (f)	zaxm	زخم
trauma (m)	zarbe	ضربه
delirare (vi)	hazyān goftan	هذیان گفتن
tartagliare (vi)	loknat dāštan	لکنت داشتن
colpo (m) di sole	āftāb-zadegi	آفتابزدگی

49. Sintomi. Cure. Parte 2

dolore (m), male (m)	dard	درد
scheggia (f)	xār	خار
sudore (m)	araq	عرق
sudare (vi)	araq kardan	عرق کردن
vomito (m)	estefrāq	استفراغ
convulsioni (f pl)	tašannoj	تشنج
incinta (agg)	bārdār	باردار
nascere (vi)	motevalled šodan	متولد شدن
parto (m)	vaz'-e haml	وضع حمل
essere in travaglio di parto	be donyā āvardan	به دنیا آوردن
aborto (m)	seqt-e janin	سقط جنین
respirazione (f)	tanaffos	تنفس
inspirazione (f)	estenšāq	استنشاق
espirazione (f)	bāzdam	بازدم
espirare (vi)	bāzdamidan	بازدمیدن
inspirare (vi)	nafas kešidan	نفس کشیدن
invalido (m)	ma'lul	معلول
storpio (m)	falaj	فلج

drogato (m)	mo'tād	معتاد
sordo (agg)	kar	کر
muto (agg)	lāl	لال
sordomuto (agg)	kar-o lāl	کر و لال
matto (agg)	divāne	دیوانه
matto (m)	divāne	دیوانه
matta (f)	divāne	دیوانه
impazzire (vi)	divāne šodan	دیوانه شدن
gene (m)	žen	ژن
immunità (f)	masuniyat	مصونیت
ereditario (agg)	mowrusi	موروثی
innato (agg)	mādarzād	مادرزاد
virus (m)	virus	ویروس
microbo (m)	mikrob	میکروب
batterio (m)	bākteri	باکتری
infezione (f)	ofunat	عفونت

50. Sintomi. Cure. Parte 3

ospedale (m)	bimārestān	بیمارستان
paziente (m)	bimār	بیمار
diagnosi (f)	tašxis	تشخیص
cura (f)	mo'āleje	معالجه
trattamento (m)	darmān	درمان
curarsi (vr)	darmān šodan	درمان شدن
curare (vt)	mo'āleje kardan	معالجه کردن
accudire (un malato)	parastāri kardan	پرستاری کردن
assistenza (f)	parastāri	پرستاری
operazione (f)	amal-e jarrāhi	عمل جراحی
bendare (vt)	pānsemān kardan	پانسمان کردن
fasciatura (f)	pānsemān	پانسمان
vaccinazione (f)	vāksināsyon	واکسیناسیون
vaccinare (vt)	vāksine kardan	واکسینه کردن
iniezione (f)	tazriq	تزریق
fare una puntura	tazriq kardan	تزریق کردن
attacco (m) (~ epilettico)	hamle	حمله
amputazione (f)	qat'-e ozv	قطع عضو
amputare (vt)	qat' kardan	قطع کردن
coma (m)	komā	کما
essere in coma	dar komā budan	در کما بودن
rianimazione (f)	morāqebat-e viže	مراقبت ویژه
guarire (vi)	behbud yāftan	بهبود یافتن
stato (f) (del paziente)	hālat	حالت
conoscenza (f)	huš	هوش
memoria (f)	hāfeze	حافظه
estrarre (~ un dente)	dandān kešidan	دندان کشیدن

otturazione (f)	por kardan	پر کردن
otturare (vt)	por kardan	پر کردن
ipnosi (f)	hipnotizm	هیپنوتیزم
ipnotizzare (vt)	hipnotizm kardan	هیپنوتیزم کردن

51. Medici

medico (m)	pezešk	پزشک
infermiera (f)	parastār	پرستار
medico (m) personale	pezešk-e šaxsi	پزشک شخصی
dentista (m)	dandān pezešk	دندان پزشک
oculista (m)	češm-pezešk	چشم پزشک
internista (m)	pezešk omumi	پزشک عمومی
chirurgo (m)	jarrāh	جراح
psichiatra (m)	ravānpezešk	روانپزشک
pediatra (m)	pezešk-e kudakān	پزشک کودکان
psicologo (m)	ravānšenās	روانشناس
ginecologo (m)	motexasses-e zanān	متخصص زنان
cardiologo (m)	motexasses-e qalb	متخصص قلب

52. Medicinali. Farmaci. Accessori

medicina (f)	dāru	دارو
rimedio (m)	darmān	درمان
prescrivere (vt)	tajviz kardan	تجویز کردن
prescrizione (f)	nosxe	نسخه
compressa (f)	qors	قرص
unguento (m)	pomād	پماد
fiala (f)	āmpul	آمپول
pozione (f)	šarbat	شربت
sciroppo (m)	šarbat	شربت
pillola (f)	kapsul	کپسول
polverina (f)	pudr	پودر
benda (f)	bānd	باند
ovatta (f)	panbe	پنبه
iodio (m)	yod	ید
cerotto (m)	časb-e zaxm	چسب زخم
contagocce (m)	qatre čekān	قطره چکان
termometro (m)	damāsanj	دماسنج
siringa (f)	sorang	سرنگ
sedia (f) a rotelle	vilčer	ویلچر
stampelle (f pl)	čub zir baqal	چوب زیر بغل
analgesico (m)	mosaken	مسکن
lassativo (m)	moshel	مسهل

alcol (m)	alkol	الکل
erba (f) officinale	giyāhān-e dāruyi	گیاهان دارویی
d'erbe (infuso ~)	giyāhi	گیاهی

HABITAT UMANO

Città

53. Città. Vita di città

città (f)	šahr	شهر
capitale (f)	pāytaxt	پایتخت
villaggio (m)	rustā	روستا
mappa (f) della città	naqše-ye šahr	نقشۀ شهر
centro (m) della città	markaz-e šahr	مرکز شهر
sobborgo (m)	hume-ye šahr	حومۀ شهر
suburbano (agg)	hume-ye šahr	حومۀ شهر
periferia (f)	hume	حومه
dintorni (m pl)	hume	حومه
isolato (m)	mahalle	محله
quartiere residenziale	mahalle-ye maskuni	محلۀ مسکونی
traffico (m)	obur-o morur	عبور و مرور
semaforo (m)	čerāq-e rāhnamā	چراغ راهنما
trasporti (m pl) urbani	haml-o naql-e šahri	حمل و نقل شهری
incrocio (m)	čahārrāh	چهارراه
passaggio (m) pedonale	xatt-e āber-e piyāde	خط عابرپیاده
sottopassaggio (m)	zir-e gozar	زیر گذر
attraversare (vt)	obur kardan	عبور کردن
pedone (m)	piyāde	پیاده
marciapiede (m)	piyāde row	پیاده رو
ponte (m)	pol	پل
banchina (f)	xiyābān-e sāheli	خیابان ساحلی
fontana (f)	češme	چشمه
vialetto (m)	bāq rāh	باغ راه
parco (m)	pārk	پارک
boulevard (m)	bolvār	بولوار
piazza (f)	meydān	میدان
viale (m), corso (m)	xiyābān	خیابان
via (f), strada (f)	xiyābān	خیابان
vicolo (m)	kuče	کوچه
vicolo (m) cieco	bon bast	بن بست
casa (f)	xāne	خانه
edificio (m)	sāxtemān	ساختمان
grattacielo (m)	āsemānxarāš	آسمانخراش
facciata (f)	namā	نما
tetto (m)	bām	بام

finestra (f)	panjere	پنجره
arco (m)	tāq-e qowsi	طاق قوسی
colonna (f)	sotun	ستون
angolo (m)	nabš	نبش
vetrina (f)	vitrin	ویترین
insegna (f) (di negozi, ecc.)	tāblo	تابلو
cartellone (m)	poster	پوستر
cartellone (m) pubblicitario	poster-e tabliqāti	پوستر تبلیغاتی
tabellone (m) pubblicitario	bilbord	بیلبورد
pattume (m), spazzatura (f)	āšqāl	آشغال
pattumiera (f)	satl-e āšqāl	سطل آشغال
sporcare (vi)	kasif kardan	کثیف کردن
discarica (f) di rifiuti	jā-ye dafn-e āšqāl	جای دفن آشغال
cabina (f) telefonica	kābin-e telefon	کابین تلفن
lampione (m)	tir-e barq	تیر برق
panchina (f)	nimkat	نیمکت
poliziotto (m)	polis	پلیس
polizia (f)	polis	پلیس
mendicante (m)	gedā	گدا
barbone (m)	bi xānomān	بی خانمان

54. Servizi cittadini

negozio (m)	maqāze	مغازه
farmacia (f)	dāruxāne	داروخانه
ottica (f)	eynak foruši	عینک فروشی
centro (m) commerciale	markaz-e tejāri	مرکز تجاری
supermercato (m)	supermārket	سوپرمارکت
panetteria (f)	nānvāyi	نانوایی
fornaio (m)	nānvā	نانوا
pasticceria (f)	qannādi	قنادی
drogheria (f)	baqqāli	بقالی
macelleria (f)	gušt foruši	گوشت فروشی
fruttivendolo (m)	sabzi foruši	سبزی فروشی
mercato (m)	bāzār	بازار
caffè (m)	kāfe	کافه
ristorante (m)	resturān	رستوران
birreria (f), pub (m)	bār	بار
pizzeria (f)	pitzā-foruši	پیتزا فروشی
salone (m) di parrucchiere	ārāyešgāh	آرایشگاه
ufficio (m) postale	post	پست
lavanderia (f) a secco	xošk-šuyi	خشکشویی
studio (m) fotografico	ātolye-ye akkāsi	آتلیۀ عکاسی
negozio (m) di scarpe	kafš foruši	کفش فروشی
libreria (f)	ketāb-foruši	کتاب فروشی

Italiano	Traslitterazione	Persiano
negozio (m) sportivo	maqāze-ye varzeši	مغازۀ ورزشی
riparazione (f) di abiti	ta'mir-e lebās	تعمیر لباس
noleggio (m) di abiti	kerāye-ye lebās	کرایۀ لباس
noleggio (m) di film	kerāye-ye film	کرایۀ فیلم
circo (m)	sirak	سیرک
zoo (m)	bāq-e vahš	باغ وحش
cinema (m)	sinamā	سینما
museo (m)	muze	موزه
biblioteca (f)	ketābxāne	کتابخانه
teatro (m)	teātr	تئاتر
teatro (m) dell'opera	operā	اپرا
locale notturno (m)	kābāre	کاباره
casinò (m)	kāzino	کازینو
moschea (f)	masjed	مسجد
sinagoga (f)	kenešt	کنشت
cattedrale (f)	kelisā-ye jāme'	کلیسای جامع
tempio (m)	ma'bad	معبد
chiesa (f)	kelisā	کلیسا
istituto (m)	anistito	انستیتو
università (f)	dānešgāh	دانشگاه
scuola (f)	madrese	مدرسه
prefettura (f)	ostāndāri	استانداری
municipio (m)	šahrdāri	شهرداری
albergo, hotel (m)	hotel	هتل
banca (f)	bānk	بانک
ambasciata (f)	sefārat	سفارت
agenzia (f) di viaggi	āžāns-e jahāngardi	آژانس جهانگردی
ufficio (m) informazioni	daftar-e ettelāāt	دفتر اطلاعات
ufficio (m) dei cambi	sarrāfi	صرافی
metropolitana (f)	metro	مترو
ospedale (m)	bimārestān	بیمارستان
distributore (m) di benzina	pomp-e benzin	پمپ بنزین
parcheggio (m)	pārking	پارکینگ

55. Cartelli

Italiano	Traslitterazione	Persiano
insegna (f) (di negozi, ecc.)	tāblo	تابلو
iscrizione (f)	nevešte	نوشته
cartellone (m)	poster	پوستر
segnale (m) di direzione	rāhnamā	راهنما
freccia (f)	alāmat	علامت
avvertimento (m)	ehtiyāt	احتیاط
avviso (m)	alāmat-e hošdār	علامت هشدار
avvertire, avvisare (vt)	hošdār dādan	هشدار دادن
giorno (m) di riposo	ruz-e ta'til	روز تعطیل

orario (m)	jadval	جدول
orario (m) di apertura	sāʿathā-ye kāri	ساعت های کاری
BENVENUTI!	xoš āmadid	خوش آمدید
ENTRATA	vorud	ورود
USCITA	xoruj	خروج
SPINGERE	hel dādan	هل دادن
TIRARE	bekešid	بکشید
APERTO	bāz	باز
CHIUSO	baste	بسته
DONNE	zanāne	زنانه
UOMINI	mardāne	مردانه
SCONTI	taxfif	تخفیف
SALDI	harāj	حراج
NOVITÀ!	jadid	جدید
GRATIS	majjāni	مجانی
ATTENZIONE!	tavajjoh	توجه
COMPLETO	otāq-e xāli nadārim	اتاق خالی نداریم
RISERVATO	rezerv šode	رزرو شده
AMMINISTRAZIONE	edāre	اداره
RISERVATO AL PERSONALE	xāse personel	خاص پرسنل
ATTENTI AL CANE	movāzeb-e sag bāšid	مواظب سگ باشید
VIETATO FUMARE!	sigār kešidan mamnuʾ	سیگار کشیدن ممنوع
NON TOCCARE	dast nazanid	دست نزنید
PERICOLOSO	xatarnāk	خطرناک
PERICOLO	xatar	خطر
ALTA TENSIONE	voltāj bālā	ولتاژ بالا
DIVIETO DI BALNEAZIONE	šenā mamnuʿ	شنا ممنوع
GUASTO	xārāb	خراب
INFIAMMABILE	qābel-e ehterāq	قابل احتراق
VIETATO	mamnuʿ	ممنوع
VIETATO L'INGRESSO	obur mamnuʿ	عبور ممنوع
VERNICE FRESCA	rang-e xis	رنگ خیس

56. Mezzi pubblici in città

autobus (m)	otobus	اتوبوس
tram (m)	terāmvā	تراموا
filobus (m)	otobus-e barqi	اتوبوس برقی
itinerario (m)	xat	خط
numero (m)	šomāre	شماره
andare in ...	raftan bā	رفتن با
salire (~ sull'autobus)	savār šodan	سوار شدن
scendere da ...	piyāde šodan	پیاده شدن

fermata (f) (~ dell'autobus)	istgāh-e otobus	ایستگاه اتوبوس
prossima fermata (f)	istgāh-e ba'di	ایستگاه بعدی
capolinea (m)	istgāh-e āxar	ایستگاه آخر
orario (m)	barnāme	برنامه
aspettare (vt)	montazer budan	منتظر بودن
biglietto (m)	belit	بلیط
prezzo (m) del biglietto	qeymat-e belit	قیمت بلیط
cassiere (m)	sanduqdār	صندوقدار
controllo (m) dei biglietti	kontorol-e belit	کنترل بلیط
bigliettaio (m)	kontorol či	کنترل چی
essere in ritardo	ta'xir dāštan	تأخیر داشتن
perdere (~ il treno)	az dast dādan	از دست دادن
avere fretta	ajale kardan	عجله کردن
taxi (m)	tāksi	تاکسی
taxista (m)	rānande-ye tāksi	راننده تاکسی
in taxi	bā tāksi	با تاکسی
parcheggio (m) di taxi	istgāh-e tāksi	ایستگاه تاکسی
chiamare un taxi	tāksi gereftan	تاکسی گرفتن
prendere un taxi	tāksi gereftan	تاکسی گرفتن
traffico (m)	obur-o morur	عبور و مرور
ingorgo (m)	terāfik	ترافیک
ore (f pl) di punta	sā'at-e šoluqi	ساعت شلوغی
parcheggiarsi (vr)	pārk kardan	پارک کردن
parcheggiare (vt)	pārk kardan	پارک کردن
parcheggio (m)	pārking	پارکینگ
metropolitana (f)	metro	مترو
stazione (f)	istgāh	ایستگاه
prendere la metropolitana	bā metro raftan	با مترو رفتن
treno (m)	qatār	قطار
stazione (f) ferroviaria	istgāh-e rāh-e āhan	ایستگاه راه آهن

57. Visita turistica

monumento (m)	mojassame	مجسمه
fortezza (f)	qal'e	قلعه
palazzo (m)	kāx	کاخ
castello (m)	qal'e	قلعه
torre (f)	borj	برج
mausoleo (m)	ārāmgāh	آرامگاه
architettura (f)	me'māri	معماری
medievale (agg)	qorun-e vasati	قرون وسطی
antico (agg)	qadimi	قدیمی
nazionale (agg)	melli	ملی
famoso (agg)	mašhur	مشهور
turista (m)	turist	توریست
guida (f)	rāhnamā-ye tur	راهنمای تور

escursione (f)	gardeš	گردش
fare vedere	nešān dādan	نشان دادن
raccontare (vt)	hekāyat kardan	حکایت کردن
trovare (vt)	peydā kardan	پیدا کردن
perdersi (vr)	gom šodan	گم شدن
mappa (f) (~ della metropolitana)	naqše	نقشه
piantina (f) (~ della città)	naqše	نقشه
souvenir (m)	sowqāti	سوغاتی
negozio (m) di articoli da regalo	forušgāh-e sowqāti	فروشگاه سوغاتی
fare foto	aks gereftan	عکس گرفتن
fotografarsi	aks gereftan	عکس گرفتن

58. Acquisti

comprare (vt)	xarid kardan	خرید کردن
acquisto (m)	xarid	خرید
fare acquisti	xarid kardan	خرید کردن
shopping (m)	xarid	خرید
essere aperto (negozio)	bāz budan	باز بودن
essere chiuso	baste budan	بسته بودن
calzature (f pl)	kafš	کفش
abbigliamento (m)	lebās	لباس
cosmetica (f)	lavāzem-e ārāyeši	لوازم آرایشی
alimentari (m pl)	mavādd-e qazāyi	مواد غذایی
regalo (m)	hedye	هدیه
commesso (m)	forušande	فروشنده
commessa (f)	forušande-ye zan	فروشنده زن
cassa (f)	sanduq	صندوق
specchio (m)	āyene	آینه
banco (m)	pišxān	پیشخوان
camerino (m)	otāq porov	اتاق پرو
provare (~ un vestito)	emtehān kardan	امتحان کردن
stare bene (vestito)	monāseb budan	مناسب بودن
piacere (vi)	dust dāštan	دوست داشتن
prezzo (m)	qeymat	قیمت
etichetta (f) del prezzo	barčasb-e qeymat	برچسب قیمت
costare (vt)	qeymat dāštan	قیمت داشتن
Quanto?	čeqadr?	چقدر؟
sconto (m)	taxfif	تخفیف
no muy caro (agg)	arzān	ارزان
a buon mercato	arzān	ارزان
caro (agg)	gerān	گران
È caro	gerān ast	گران است

noleggio (m)	kerāye	کرایه
noleggiare (~ un abito)	kerāye kardan	کرایه کردن
credito (m)	vām	وام
a credito	xarid-e e'tebāri	خرید اعتباری

59. Denaro

soldi (m pl)	pul	پول
cambio (m)	tabdil-e arz	تبدیل ارز
corso (m) di cambio	nerx-e arz	نرخ ارز
bancomat (m)	xodpardāz	خودپرداز
moneta (f)	sekke	سکه
dollaro (m)	dolār	دلار
euro (m)	yuro	یورو
lira (f)	lire	لیره
marco (m)	mārk	مارک
franco (m)	farānak	فرانک
sterlina (f)	pond-e esterling	پوند استرلینگ
yen (m)	yen	ین
debito (m)	qarz	قرض
debitore (m)	bedehkār	بدهکار
prestare (~ i soldi)	qarz dādan	قرض دادن
prendere in prestito	qarz gereftan	قرض گرفتن
banca (f)	bānk	بانک
conto (m)	hesāb-e bānki	حساب بانکی
versare (vt)	rixtan	ریختن
versare sul conto	be hesāb rixtan	به حساب ریختن
prelevare dal conto	az hesāb bardāštan	از حساب برداشتن
carta (f) di credito	kārt-e e'tebāri	کارت اعتباری
contanti (m pl)	pul-e naqd	پول نقد
assegno (m)	ček	چک
emettere un assegno	ček neveštan	چک نوشتن
libretto (m) di assegni	daste-ye ček	دسته چک
portafoglio (m)	kif-e pul	کیف پول
borsellino (m)	kif-e pul	کیف پول
cassaforte (f)	gāvsanduq	گاوصندوق
erede (m)	vāres	وارث
eredità (f)	mirās	میراث
fortuna (f)	dārāyi	دارایی
affitto (m), locazione (f)	ejāre	اجاره
canone (m) d'affitto	kerāye-ye xāne	کرایه خانه
affittare (dare in affitto)	ejāre kardan	اجاره کردن
prezzo (m)	qeymat	قیمت
costo (m)	arzeš	ارزش
somma (f)	jam'-e kol	جمع کل

spendere (vt)	xarj kardan	خرج کردن
spese (f pl)	maxārej	مخارج
economizzare (vi, vt)	sarfeju-yi kardan	صرفه جویی کردن
economico (agg)	maqrun besarfe	مقرون به صرفه
pagare (vi, vt)	pardāxtan	پرداختن
pagamento (m)	pardāxt	پرداخت
resto (m) (dare il ~)	pul-e xerad	پول خرد
imposta (f)	māliyāt	مالیات
multa (f), ammenda (f)	jarime	جریمه
multare (vt)	jarime kardan	جریمه کردن

60. Posta. Servizio postale

ufficio (m) postale	post	پست
posta (f) (lettere, ecc.)	post	پست
postino (m)	nāme resān	نامه رسان
orario (m) di apertura	sā'athā-ye kāri	ساعت های کاری
lettera (f)	nāme	نامه
raccomandata (f)	nāme-ye sefāreši	نامه سفارشی
cartolina (f)	kārt-e postāl	کارت پستال
telegramma (m)	telegrām	تلگرام
pacco (m) postale	baste posti	بسته پستی
vaglia (m) postale	havāle	حواله
ricevere (vt)	gereftan	گرفتن
spedire (vt)	ferestādan	فرستادن
invio (m)	ersāl	ارسال
indirizzo (m)	nešāni	نشانی
codice (m) postale	kod-e posti	کد پستی
mittente (m)	ferestande	فرستنده
destinatario (m)	girande	گیرنده
nome (m)	esm	اسم
cognome (m)	nām-e xānevādegi	نام خانوادگی
tariffa (f)	ta'refe	تعرفه
ordinario (agg)	ādi	عادی
standard (agg)	ādi	عادی
peso (m)	vazn	وزن
pesare (vt)	vazn kardan	وزن کردن
busta (f)	pākat	پاکت
francobollo (m)	tambr	تمبر
affrancare (vt)	tamr zadan	تمبر زدن

Abitazione. Casa

61. Casa. Elettricità

elettricità (f)	barq	برق
lampadina (f)	lāmp	لامپ
interruttore (m)	kelid	کلید
fusibile (m)	fiyuz	فیوز
filo (m)	sim	سیم
impianto (m) elettrico	sim keši	سیم کشی
contatore (m) dell'elettricità	kontor	کنتور
lettura, indicazione (f)	dastgāh-e xaneš	دستگاه خوانش

62. Villa. Palazzo

casa (f) di campagna	xāne-ye xārej-e šahr	خانهٔ خارج شهر
villa (f)	vilā	ویلا
ala (f)	bāl	بال
giardino (m)	bāq	باغ
parco (m)	pārk	پارک
serra (f)	golxāne	گلخانه
prendersi cura (~ del giardino)	negahdāri kardan	نگهداری کردن
piscina (f)	estaxr	استخر
palestra (f)	sālon-e varzeš	سالن ورزش
campo (m) da tennis	zamin-e tenis	زمین تنیس
home cinema (m)	sinamā	سینما
garage (m)	gārāž	گاراژ
proprietà (f) privata	melk-e xosusi	ملک خصوصی
terreno (m) privato	melk-e xosusi	ملک خصوصی
avvertimento (m)	hošdār	هشدار
cartello (m) di avvertimento	alāmat-e hošdār	علامت هشدار
sicurezza (f)	hefāzat	حفاظت
guardia (f) giurata	negahbān	نگهبان
allarme (f) antifurto	dozdgir	دزدگیر

63. Appartamento

appartamento (m)	āpārtemān	آپارتمان
camera (f), stanza (f)	otāq	اتاق

camera (f) da letto	otāq-e xāb	اتاق خواب
sala (f) da pranzo	otāq-e qazāxori	اتاق غذاخوری
salotto (m)	mehmānxāne	مهمانخانه
studio (m)	daftar	دفتر
ingresso (m)	tālār-e vorudi	تالار ورودی
bagno (m)	hammām	حمام
gabinetto (m)	tuālet	توالت
soffitto (m)	saqf	سقف
pavimento (m)	kaf	کف
angolo (m)	guše	گوشه

64. Arredamento. Interno

mobili (m pl)	mobl	مبل
tavolo (m)	miz	میز
sedia (f)	sandali	صندلی
letto (m)	taxt-e xāb	تخت خواب
divano (m)	kānāpe	کاناپه
poltrona (f)	mobl-e rāhati	مبل راحتی
libreria (f)	qafase-ye ketāb	قفسه کتاب
ripiano (m)	qafase	قفسه
armadio (m)	komod	کمد
attaccapanni (m) da parete	raxt āviz	رخت آویز
appendiabiti (m) da terra	čub lebāsi	چوب لباسی
comò (m)	komod	کمد
tavolino (m) da salotto	miz-e pišdasti	میز پیشدستی
specchio (m)	āyene	آینه
tappeto (m)	farš	فرش
tappetino (m)	qāliče	قالیچه
camino (m)	šumine	شومینه
candela (f)	šamʿ	شمع
candeliere (m)	šamʿdān	شمعدان
tende (f pl)	parde	پرده
carta (f) da parati	kāqaz-e divāri	کاغذ دیواری
tende (f pl) alla veneziana	kerkere	کرکره
lampada (f) da tavolo	čerāq-e rumizi	چراغ رومیزی
lampada (f) da parete	čerāq-e divāri	چراغ دیواری
lampada (f) a stelo	ābāžur	آباژور
lampadario (m)	luster	لوستر
gamba (f)	pāye	پایه
bracciolo (m)	daste-ye sandali	دستهٔ صندلی
spalliera (f)	pošti	پشتی
cassetto (m)	kešow	کشو

65. Biancheria da letto

biancheria (f) da letto	raxt-e xāb	رخت خواب
cuscino (m)	bālešt	بالشت
federa (f)	rubalešt	روبالشت
coperta (f)	patu	پتو
lenzuolo (m)	malāfe	ملافه
copriletto (m)	rutaxti	روتختی

66. Cucina

cucina (f)	āšpazxāne	آشپزخانه
gas (m)	gāz	گاز
fornello (m) a gas	ojāgh-e gāz	اجاق گاز
fornello (m) elettrico	ojāgh-e barghi	اجاق برقی
forno (m)	fer	فر
forno (m) a microonde	māykrofer	مایکروفر
frigorifero (m)	yaxčāl	یخچال
congelatore (m)	fereyzer	فریزر
lavastoviglie (f)	māšin-e zarfšuyi	ماشین ظرفشویی
tritacarne (m)	čarx-e gušt	چرخ گوشت
spremifrutta (m)	ābmive giri	آبمیوه گیری
tostapane (m)	towster	توستر
mixer (m)	maxlut kon	مخلوط کن
macchina (f) da caffè	qahve sāz	قهوه ساز
caffettiera (f)	qahve juš	قهوه جوش
macinacaffè (m)	āsiyāb-e qahve	آسیاب قهوه
bollitore (m)	ketri	کتری
teiera (f)	quri	قوری
coperchio (m)	sarpuš	سرپوش
colino (m) da tè	čāy sāf kon	چای صاف کن
cucchiaio (m)	qāšoq	قاشق
cucchiaino (m) da tè	qāšoq čāy xori	قاشق چای خوری
cucchiaio (m)	qāšoq sup xori	قاشق سوپ خوری
forchetta (f)	čangāl	چنگال
coltello (m)	kārd	کارد
stoviglie (f pl)	zoruf	ظروف
piatto (m)	bošqāb	بشقاب
piattino (m)	na'lbeki	نعلبکی
cicchetto (m)	gilās-e vodkā	گیلاس ودکا
bicchiere (m) (~ d'acqua)	estekān	استکان
tazzina (f)	fenjān	فنجان
zuccheriera (f)	qandān	قندان
saliera (f)	namakdān	نمکدان
pepiera (f)	felfeldān	فلفلدان

burriera (f)	zarf-e kare	ظرف کره
pentola (f)	qāblame	قابلمه
padella (f)	tābe	تابه
mestolo (m)	malāqe	ملاقه
colapasta (m)	ābkeš	آبکش
vassoio (m)	sini	سینی
bottiglia (f)	botri	بطری
barattolo (m) di vetro	šiše	شیشه
latta, lattina (f)	quti	قوطی
apribottiglie (m)	dar bāz kon	در بازکن
apriscatole (m)	dar bāz kon	در بازکن
cavatappi (m)	dar bāz kon	در بازکن
filtro (m)	filter	فیلتر
filtrare (vt)	filter kardan	فیلتر کردن
spazzatura (f)	āšqāl	آشغال
pattumiera (f)	satl-e zobāle	سطل زباله

67. Bagno

bagno (m)	hammām	حمام
acqua (f)	āb	آب
rubinetto (m)	šir	شیر
acqua (f) calda	āb-e dāq	آب داغ
acqua (f) fredda	āb-e sard	آب سرد
dentifricio (m)	xamir-e dandān	خمیر دندان
lavarsi i denti	mesvāk zadan	مسواک زدن
spazzolino (m) da denti	mesvāk	مسواک
rasarsi (vr)	riš tarāšidan	ریش تراشیدن
schiuma (f) da barba	xamir-e eslāh	خمیر اصلاح
rasoio (m)	tiq	تیغ
lavare (vt)	šostan	شستن
fare un bagno	hamām kardan	حمام کردن
doccia (f)	duš	دوش
fare una doccia	duš gereftan	دوش گرفتن
vasca (f) da bagno	vān hammām	وان حمام
water (m)	tuālet-e farangi	توالت فرنگی
lavandino (m)	sink	سینک
sapone (m)	sābun	صابون
porta (m) sapone	jā sābun	جا صابون
spugna (f)	abr	ابر
shampoo (m)	šāmpu	شامپو
asciugamano (m)	howle	حوله
accappatoio (m)	howle-ye hamām	حوله حمام
bucato (m)	raxčuyi	لباسشویی
lavatrice (f)	māšin-e lebas-šui	ماشین لباسشویی

| fare il bucato | šostan-e lebās | شستن لباس |
| detersivo (m) per il bucato | pudr-e lebas-šui | پودر لباسشویی |

68. Elettrodomestici

televisore (m)	televizlyon	تلویزیون
registratore (m) a nastro	zabt-e sowt	ضبط صوت
videoregistratore (m)	video	ویدئو
radio (f)	rādiyo	رادیو
lettore (m)	paxš konande	پخش کننده

videoproiettore (m)	video porožektor	ویدئو پروژکتور
home cinema (m)	sinamā-ye xānegi	سینمای خانگی
lettore (m) DVD	paxš konande-ye di vi di	پخش کننده دی وی دی
amplificatore (m)	āmpli-fāyer	آمپلی فایر
console (f) video giochi	konsul-e bāzi	کنسول بازی

videocamera (f)	durbin-e filmbardāri	دوربین فیلمبرداری
macchina (f) fotografica	durbin-e akkāsi	دوربین عکاسی
fotocamera (f) digitale	durbin-e dijitāl	دوربین دیجیتال

aspirapolvere (m)	jāru barqi	جارو برقی
ferro (m) da stiro	oto	اتو
asse (f) da stiro	miz-e otu	میز اتو

telefono (m)	telefon	تلفن
telefonino (m)	telefon-e hamrāh	تلفن همراه
macchina (f) da scrivere	māšin-e tahrir	ماشین تحریر
macchina (f) da cucire	čarx-e xayyāti	چرخ خیاطی

microfono (m)	mikrofon	میکروفون
cuffia (f)	guši	گوشی
telecomando (m)	kontorol az rāh-e dur	کنترل از راه دور

CD (m)	si-di	سیدی
cassetta (f)	kāst	کاست
disco (m) (vinile)	safhe-ye gerāmāfon	صفحه گرامافون

ATTIVITÀ UMANA

Lavoro. Affari. Parte 1

69. Ufficio. Lavorare in ufficio

uffici (m pl) (gli ~ della società)	daftar	دفتر
ufficio (m)	daftar	دفتر
portineria (f)	pazir-aš	پذیرش
segretario (m)	monši	منشی
segretaria (f)	monši	منشی
direttore (m)	modir	مدیر
manager (m)	modir	مدیر
contabile (m)	hesābdār	حسابدار
impiegato (m)	kārmand	کارمند
mobili (m pl)	mobl	مبل
scrivania (f)	miz	میز
poltrona (f)	sandali dastedār	صندلی دسته دار
cassettiera (f)	kešow	کشو
appendiabiti (m) da terra	čub lebāsi	چوب لباسی
computer (m)	kāmpiyuter	کامپیوتر
stampante (f)	pirinter	پرینتر
fax (m)	faks	فکس
fotocopiatrice (f)	dastgāh-e kopi	دستگاه کپی
carta (f)	kāqaz	کاغذ
cancelleria (f)	lavāzem-e tahrir	لوازم تحریر
tappetino (m) del mouse	māows pad	ماوس پد
foglio (m)	varaq	ورق
cartella (f)	puše	پوشه
catalogo (m)	kātālog	کاتالوگ
elenco (m) del telefono	rāhnamā	راهنما
documentazione (f)	asnād	اسناد
opuscolo (m)	borušur	بروشور
volantino (m)	borušur	بروشور
campione (m)	nemune	نمونه
formazione (f)	āmuzeš	آموزش
riunione (f)	jalase	جلسه
pausa (f) pranzo	vaqt-e nāhār	وقت ناهار
copiare (vt)	kopi gereftan	کپی گرفتن
fare copie	kopi gereftan	کپی گرفتن
ricevere un fax	faks gereftan	فکس گرفتن
spedire un fax	faks ferestādan	فکس فرستادن

Italiano	Traslitterazione	Persiano
telefonare (vi, vt)	telefon zadan	تلفن زدن
rispondere (vi, vt)	javāb dādan	جواب دادن
passare (glielo passo)	vasl šodan	وصل شدن
fissare (organizzare)	sāzmān dādan	سازمان دادن
dimostrare (vt)	nemāyeš dādan	نمایش دادن
essere assente	qāyeb budan	غایب بودن
assenza (f)	qeybat	غیبت

70. Operazioni d'affari. Parte 1

Italiano	Traslitterazione	Persiano
occupazione (f)	šoql	شغل
ditta (f)	šerkat	شرکت
compagnia (f)	kompāni	کمپانی
corporazione (f)	šerkat-e sahami	شرکت سهامی
impresa (f)	šerkat	شرکت
agenzia (f)	namāyandegi	نمایندگی
accordo (m)	qarārdād	قرارداد
contratto (m)	qarārdād	قرارداد
affare (m)	mo'āmele	معامله
ordine (m) (ordinazione)	sefāreš	سفارش
termine (m) dell'accordo	šart	شرط
all'ingrosso	omde furuši	عمده فروشی
all'ingrosso (agg)	omde	عمده
vendita (f) all'ingrosso	omde furuši	عمده فروشی
al dettaglio (agg)	xorde-foruši	خرده فروشی
vendita (f) al dettaglio	xorde-foruši	خرده فروشی
concorrente (m)	raqib	رقیب
concorrenza (f)	reqābat	رقابت
competere (vi)	reqābat kardan	رقابت کردن
socio (m), partner (m)	šarik	شریک
partenariato (m)	mošārek-at	مشارکت
crisi (f)	bohrān	بحران
bancarotta (f)	varšekastegi	ورشکستگی
fallire (vi)	varšekast šodan	ورشکست شدن
difficoltà (f)	saxti	سختی
problema (m)	moškel	مشکل
disastro (m)	fāje'e	فاجعه
economia (f)	eqtesād	اقتصاد
economico (agg)	eqtesādi	اقتصادی
recessione (f) economica	rokud-e eqtesādi	رکود اقتصادی
scopo (m), obiettivo (m)	hadaf	هدف
incarico (m)	hadaf	هدف
commerciare (vi)	tejārat kardan	تجارت کردن
rete (f) (~ di distribuzione)	šabake-ye towzi'	شبکۀ توزیع
giacenza (f)	fehrest anbār	فهرست انبار

assortimento (m)	majmu'e	مجموعه
leader (m), capo (m)	rahbar	رهبر
grande (agg)	bozorg	بزرگ
monopolio (m)	enhesār	انحصار
teoria (f)	nazariye	نظریه
pratica (f)	amal	عمل
esperienza (f)	tajrobe	تجربه
tendenza (f)	gerāyeš	گرایش
sviluppo (m)	pišraft	پیشرفت

71. Operazioni d'affari. Parte 2

profitto (m)	sud	سود
profittevole (agg)	sudāvar	سودآور
delegazione (f)	hey'at-e namāyandegān	هیئت نمایندگان
stipendio (m)	hoquq	حقوق
correggere (vt)	eslāh kardan	اصلاح کردن
viaggio (m) d'affari	ma'muriyat	مأموریت
commissione (f)	komisiyon	کمیسیون
controllare (vt)	kontorol kardan	کنترل کردن
conferenza (f)	konferāns	کنفرانس
licenza (f)	parvāne	پروانه
affidabile (agg)	motmaen	مطمئن
iniziativa (f) (progetto nuovo)	ebtekār	ابتکار
norma (f)	me'yār	معیار
circostanza (f)	vaz'iyat	وضعیت
mansione (f)	vazife	وظیفه
impresa (f)	šerkat	شرکت
organizzazione (f)	sāzmāndehi	سازماندهی
organizzato (agg)	sāzmān yāfte	سازمان یافته
annullamento (m)	laqv	لغو
annullare (vt)	laqv kardan	لغو کردن
rapporto (m) (~ ufficiale)	gozāreš	گزارش
brevetto (m)	govāhi-ye sabt-e exterā'	گواهی ثبت اختراع
brevettare (vt)	govāhi exterā' gereftan	گواهی اختراع گرفتن
pianificare (vt)	barnāmerizi kardan	برنامه ریزی کردن
premio (m)	pādāš	پاداش
professionale (agg)	herfe i	حرفه ای
procedura (f)	tašrifāt	تشریفات
esaminare (~ un contratto)	barresi kardan	بررسی کردن
calcolo (m)	mohāsebe	محاسبه
reputazione (f)	e'tebār	اعتبار
rischio (m)	risk	ریسک
dirigere (~ un'azienda)	edāre kardan	اداره کردن
informazioni (f pl)	ettelā'āt	اطلاعات

proprietà (f)	dārāyi	دارایی
unione (f)	ettehādiye	اتحادیه
(~ Italiana Vini, ecc.)		

assicurazione (f) sulla vita	bime-ye omr	بیمهٔ عمر
assicurare (vt)	bime kardan	بیمه کردن
assicurazione (f)	bime	بیمه

asta (f)	harāj	حراج
avvisare (informare)	xabar dādan	خبر دادن
gestione (f)	edāre	اداره
servizio (m)	xedmat	خدمت

forum (m)	ham andiši	هم اندیشی
funzionare (vi)	amal kardan	عمل کردن
stadio (m) (fase)	marhale	مرحله
giuridico (agg)	hoquqi	حقوقی
esperto (m) legale	hoquq dān	حقوق دان

72. Attività produttiva. Lavori

stabilimento (m)	kārxāne	کارخانه
fabbrica (f)	kārxāne	کارخانه
officina (f) di produzione	kārgāh	کارگاه
stabilimento (m)	towlidi	تولیدی

industria (f)	san'at	صنعت
industriale (agg)	san'ati	صنعتی
industria (f) pesante	sanāye-'e sangin	صنایع سنگین
industria (f) leggera	sanāye-'e sabok	صنایع سبک

prodotti (m pl)	towlidāt	تولیدات
produrre (vt)	towlid kardan	تولید کردن
materia (f) prima	mavādd-e xām	مواد خام

caposquadra (m)	sarkāregar	سرکارگر
squadra (f)	daste-ye kāregaran	دسته کارگران
operaio (m)	kārgar	کارگر

giorno (m) lavorativo	ruz-e kāri	روز کاری
pausa (f)	esterāhat	استراحت
riunione (f)	jalase	جلسه
discutere (~ di un problema)	bahs kardan	بحث کردن

piano (m)	barnāme	برنامه
eseguire il piano	barnāme rā ejrā kardan	برنامه را اجرا کردن
tasso (m) di produzione	nerx-e tolid	نرخ تولید
qualità (f)	keyfiyat	کیفیت
controllo (m)	kontorol	کنترل
controllo (m) di qualità	kontorol-e keyfi	کنترل کیفی

sicurezza (f) sul lavoro	amniyat-e kār	امنیت کار
disciplina (f)	enzebāt	انضباط
infrazione (f)	naqz	نقض

violare (~ le regole)	naqz kardan	نقض کردن
sciopero (m)	e'tesāb	اعتصاب
scioperante (m)	e'tesāb konande	اعتصاب کننده
fare sciopero	e'tesāb kardan	اعتصاب کردن
sindacato (m)	ettehādiye-ye kārgari	اتحادیۀ کارگری
inventare (vt)	exterā' kardan	اختراع کردن
invenzione (f)	exterā'	اختراع
ricerca (f)	tahqiq	تحقیق
migliorare (vt)	behtar kardan	بهتر کردن
tecnologia (f)	fanāvari	فناوری
disegno (m) tecnico	rasm-e fani	رسم فنی
carico (m)	bār	بار
caricatore (m)	bārbar	باربر
caricare (~ un camion)	bār kardan	بار کردن
caricamento (m)	bārgiri	بارگیری
scaricare (vt)	bārgiri	بارگیری
scarico (m)	bārandāz-i	باراندازی
trasporto (m)	haml-o naql	حمل و نقل
società (f) di trasporti	šerkat-e haml-o naql	شرکت حمل و نقل
trasportare (vt)	haml kardan	حمل کردن
vagone (m) merci	vāgon-e bari	واگن باری
cisterna (f)	maxzan	مخزن
camion (m)	kāmiyon	کامیون
macchina (f) utensile	dastgāh	دستگاه
meccanismo (m)	mekānism	مکانیسم
rifiuti (m pl) industriali	zāye'āt-e san'ati	ضایعات صنعتی
imballaggio (m)	baste band-i	بسته بندی
imballare (vt)	baste bandi kardan	بسته بندی کردن

73. Contratto. Accordo

contratto (m)	qarārdād	قرارداد
accordo (m)	tavāfoq-e nāme	توافق نامه
allegato (m)	zamime	ضمیمه
firmare un contratto	qarārdād bastan	قرارداد بستن
firma (f)	emzā'	امضاء
firmare (vt)	emzā kardan	امضا کردن
timbro (m) (su documenti)	mehr	مهر
oggetto (m) del contratto	mowzu-'e qarārdād	موضوع قرارداد
clausola (f)	mādde	ماده
parti (f pl) (in un contratto)	tarafeyn	طرفین
sede (f) legale	ādres-e hoquqi	آدرس حقوقی
sciogliere un contratto	naqz kardan-e qarārdād	نقض کردن قرارداد
obbligo (m)	ta'ahhod	تعهد
responsabilità (f)	mas'uliyat	مسئولیت

forza (f) maggiore
discussione (f)
sanzioni (f pl)

šarāyet-e ezterāri
xalāf
eqdāmāt-e tanbihi

شرایط اضطراری
خلاف
اقدامات تنبیهی

74. Import-export

importazione (f)	vāredāt	واردات
importatore (m)	vāred konande	وارد کننده
importare (vt)	vāred kardan	وارد کردن
d'importazione (agg)	vāredāti	وارداتی

esportazione (f)	sāderāt	صادرات
esportatore (m)	sāder konande	صادر کننده
esportare (vt)	sāder kardan	صادر کردن
d'esportazione (agg)	sāderāti	صادراتی

| merce (f) | kālā | کالا |
| carico (m) | mahmule | محموله |

peso (m)	vazn	وزن
volume (m)	hajm	حجم
metro (m) cubo	metr moka'ab	متر مکعب

produttore (m)	towlid konande	تولید کننده
società (f) di trasporti	šerkat-e haml-o naql	شرکت حمل و نقل
container (m)	kāntiner	کانتینر

frontiera (f)	marz	مرز
dogana (f)	gomrok	گمرک
dazio (m) doganale	avārez-e gomroki	عوارض گمرکی
doganiere (m)	ma'mur-e gomrok	مأمور گمرک
contrabbando (m)	qāčāq	قاچاق
merci (f pl) contrabbandate	ajnās-e qāčāq	اجناس قاچاق

75. Mezzi finanziari

azione (f)	sahām	سهام
obbligazione (f)	owrāq-e bahādār	اوراق بهادار
cambiale (f)	safte	سفته

| borsa (f) | burs | بورس |
| quotazione (f) | nerx-e sahām | نرخ سهام |

| diminuire di prezzo | arzān šodan | ارزان شدن |
| aumentare di prezzo | gerān šodan | گران شدن |

pacchetto (m) di maggioranza	manāfe-'e kontoroli	منافع کنترلی
investimento (m)	sarmāye gozāri	سرمایه گذاری
investire (vt)	sarmāye gozāri kardan	سرمایه گذاری کردن
percento (m)	darsad	درصد
interessi (m pl) (su investimenti)	sud	سود

profitto (m)	sud	سود
redditizio (agg)	sudāvar	سودآور
imposta (f)	māliyāt	مالیات
valuta (f) (~ estera)	arz	ارز
nazionale (agg)	melli	ملی
cambio (m) (~ valuta)	tabādol	تبادل
contabile (m)	hesābdār	حسابدار
ufficio (m) contabilità	hesābdāri	حسابداری
bancarotta (f)	varšekastegi	ورشکستگی
fallimento (m)	šekast	شکست
rovina (f)	varšekastegi	ورشکستگی
andare in rovina	varšekast šodan	ورشکست شدن
inflazione (f)	tavarrom	تورم
svalutazione (f)	taqlil-e arzeš-e pul	تقلیل ارزش پول
capitale (m)	sarmāye	سرمایه
reddito (m)	darāmad	درآمد
giro (m) di affari	gardeš mo'āmelāt	گردش معاملات
risorse (f pl)	manābe'	منابع
mezzi (m pl) finanziari	manābe-'e puli	منابع پولی
spese (f pl) generali	maxārej-e kolli	مخارج کلی
ridurre (~ le spese)	kam kardan	کم کردن

76. Marketing

marketing (m)	bāzāryābi	بازاریابی
mercato (m)	bāzār	بازار
segmento (m) di mercato	baxše bāzār	بخش بازار
prodotto (m)	mahsul	محصول
merce (f)	kālā	کالا
marca (f)	barand	برند
marchio (m) di fabbrica	nešān tejāri	نشان تجاری
logotipo (m)	logo	لوگو
logo (m)	logo	لوگو
domanda (f)	taqāzā	تقاضا
offerta (f)	arze	عرضه
bisogno (m)	ehtiyāj	احتیاج
consumatore (m)	masraf-e konande	مصرف کننده
analisi (f)	tahlil	تحلیل
analizzare (vt)	tahlil kardan	تحلیل کردن
posizionamento (m)	mowze' giri	موضع گیری
posizionare (vt)	mowze' giri kardan	موضع گیری کردن
prezzo (m)	qeymat	قیمت
politica (f) dei prezzi	siyāsat-e qeymat-e gozār-i	سیاست قیمت گذاری
determinazione (f) dei prezzi	qeymat gozāri	قیمت گذاری

77. Pubblicità

pubblicità (f)	āgahi	آگهی
pubblicizzare (vt)	tabliq kardan	تبلیغ کردن
bilancio (m) (budget)	budje	بودجه

annuncio (m)	āgahi	آگهی
pubblicità (f) televisiva	tabliqāt-e televiziyoni	تبلیغات تلویزیونی
pubblicità (f) radiofonica	tabliqāt-e rādiyoyi	تبلیغات رادیویی
pubblicità (f) esterna	āgahi-ye biruni	آگهی بیرونی

mass media (m pl)	resāne-hay-e jam'i	رسانه های جمعی
periodico (m)	našriye-ye dowrei	نشریۀ دوره ای
immagine (f)	temsāl	تمثال

slogan (m)	šo'ār	شعار
motto (m)	šo'ār	شعار

campagna (f)	kampeyn	کمپین
campagna (f) pubblicitaria	kampeyn-e tabliqāti	کمپین تبلیغاتی
gruppo (m) di riferimento	goruh-e hadaf	گروه هدف

biglietto (m) da visita	kārt-e vizit	کارت ویزیت
volantino (m)	borušur	بروشور
opuscolo (m)	borušur	بروشور
pieghevole (m)	ketābče	کتابچه
bollettino (m)	xabarnāme	خبرنامه

insegna (f) (di negozi, ecc.)	tāblo	تابلو
cartellone (m)	poster	پوستر
tabellone (m) pubblicitario	bilbord	بیلبورد

78. Attività bancaria

banca (f)	bānk	بانک
filiale (f)	šo'be	شعبه

consulente (m)	mošāver	مشاور
direttore (m)	modir	مدیر

conto (m) bancario	hesāb-e bānki	حساب بانکی
numero (m) del conto	šomāre-ye hesāb	شمارۀ حساب
conto (m) corrente	hesāb-e jāri	حساب جاری
conto (m) di risparmio	hesāb-e pasandāz	حساب پس انداز

aprire un conto	hesāb-e bāz kardan	حساب باز کردن
chiudere il conto	hesāb rā bastan	حساب را بستن
versare sul conto	be hesāb rixtan	به حساب ریختن
prelevare dal conto	az hesāb bardāštan	از حساب برداشتن

deposito (m)	seporde	سپرده
depositare (vt)	seporde gozāštan	سپرده گذاشتن
trasferimento (m) telegrafico	enteqāl	انتقال

rimettere i soldi	enteqāl dādan	انتقال دادن
somma (f)	jam'-e kol	جمع کل
Quanto?	čeqadr?	چقدر؟

firma (f)	emzā'	امضاء
firmare (vt)	emzā kardan	امضا کردن

carta (f) di credito	kārt-e e'tebāri	کارت اعتباری
codice (m)	kod	کد
numero (m) della carta di credito	šomāre-ye kārt-e e'tebāri	شماره کارت اعتباری
bancomat (m)	xodpardāz	خودپرداز

assegno (m)	ček	چک
emettere un assegno	ček neveštan	چک نوشتن
libretto (m) di assegni	daste-ye ček	دسته چک

prestito (m)	e'tebār	اعتبار
fare domanda per un prestito	darxāst-e vam kardan	درخواست وام کردن
ottenere un prestito	vām gereftan	وام گرفتن
concedere un prestito	vām dādan	وام دادن
garanzia (f)	zemānat	ضمانت

79. Telefono. Conversazione telefonica

telefono (m)	telefon	تلفن
telefonino (m)	telefon-e hamrāh	تلفن همراه
segreteria (f) telefonica	monši-ye telefoni	منشی تلفنی

telefonare (vi, vt)	telefon zadan	تلفن زدن
chiamata (f)	tamās-e telefoni	تماس تلفنی

comporre un numero	šomāre gereftan	شماره گرفتن
Pronto!	alo!	الو!
chiedere (domandare)	porsidan	پرسیدن
rispondere (vi, vt)	javāb dādan	جواب دادن

udire (vt)	šenidan	شنیدن
bene	xub	خوب
male	bad	بد
disturbi (m pl)	sedā	صدا

cornetta (f)	guši	گوشی
alzare la cornetta	guši rā bar dāštan	گوشی را برداشتن
riattaccare la cornetta	guši rā gozāštan	گوشی را گذاشتن

occupato (agg)	mašqul	مشغول
squillare (del telefono)	zang zadan	زنگ زدن
elenco (m) telefonico	daftar-e telefon	دفتر تلفن

locale (agg)	mahalli	محلی
telefonata (f) urbana	telefon-e dāxeli	تلفن داخلی
interurbano (agg)	beyn-e šahri	بین شهری
telefonata (f) interurbana	telefon-e beyn-e šahri	تلفن بین شهری

| internazionale (agg) | beynolmelali | بین المللی |
| telefonata (f) internazionale | telefon-e beynolmelali | تلفن بین المللی |

80. Telefono cellulare

| telefonino (m) | telefon-e hamrāh | تلفن همراه |
| schermo (m) | namāyešgar | نمایشگر |

| tasto (m) | dokme | دکمه |
| scheda SIM (f) | sim-e kārt | سیم کارت |

pila (f)	bātri	باطری
essere scarico	tamām šodan bātri	تمام شدن باتری
caricabatteria (m)	šāržer	شارژ

menù (m)	meno	منو
impostazioni (f pl)	tanzimāt	تنظیمات
melodia (f)	āhang	آهنگ
scegliere (vt)	entexāb kardan	انتخاب کردن

calcolatrice (f)	māšin-e hesāb	ماشین حساب
segreteria (f) telefonica	monši-ye telefoni	منشی تلفنی
sveglia (f)	sā'at-e zang dār	ساعت زنگ دار
contatti (m pl)	daftar-e telefon	دفتر تلفن

| messaggio (m) SMS | payāmak | پیامک |
| abbonato (m) | moštarek | مشترک |

81. Articoli di cancelleria

| penna (f) a sfera | xodkār | خودکار |
| penna (f) stilografica | xodnevis | خودنویس |

matita (f)	medād	مداد
evidenziatore (m)	māžik	ماژیک
pennarello (m)	māžik	ماژیک

| taccuino (m) | daftar-e yāddāšt | دفتر یادداشت |
| agenda (f) | daftar-e yāddāšt | دفتر یادداشت |

righello (m)	xat keš	خط کش
calcolatrice (f)	māšin-e hesāb	ماشین حساب
gomma (f) per cancellare	pāk kon	پاک کن

| puntina (f) | punez | پونز |
| graffetta (f) | gire | گیره |

| colla (f) | časb | چسب |
| pinzatrice (f) | mangane-ye zan | منگنه زن |

| perforatrice (f) | pānč | پانچ |
| temperamatite (m) | madād-e tarāš | مداد تراش |

82. Generi di attività commerciali

servizi (m pl) di contabilità	xadamāt-e hesābdāri	خدمات حسابداری
pubblicità (f)	āgahi	آگهی
agenzia (f) pubblicitaria	āžāns-e tabliqāti	آژانس تبلیغاتی
condizionatori (m pl) d'aria	tahviye-ye matbu'	تهویه مطبوع
compagnia (f) aerea	šerkat-e havāpeymāyi	شرکت هواپیمایی
bevande (f pl) alcoliche	mašrubāt-e alkoli	مشروبات الکلی
antiquariato (m)	atiqe	عتیقه
galleria (f) d'arte	gāleri-ye honari	گالری هنری
società (f) di revisione contabile	xadamāt-e momayyezi	خدمات ممیزی
imprese (f pl) bancarie	bānk-dāri	بانکداری
bar (m)	bār	بار
salone (m) di bellezza	sālon-e zibāyi	سالن زیبایی
libreria (f)	ketāb-foruši	کتاب فروشی
birreria (f)	ābe jow-sāzi	آب جوسازی
business centre (m)	markaz-e tejāri	مرکز تجاری
scuola (f) di commercio	moassese-ye bāzargāni	موسسه بازرگانی
casinò (m)	kāzino	کازینو
edilizia (f)	sāxtemān	ساختمان
consulenza (f)	mošavere	مشاوره
odontoiatria (f)	dandān-e pezeški	دندان پزشکی
design (m)	tarrāhi	طراحی
farmacia (f)	dāruxāne	داروخانه
lavanderia (f) a secco	xošk-šuyi	خشکشویی
agenzia (f) di collocamento	āžāns-e kāryābi	آژانس کاریابی
servizi (m pl) finanziari	xadamāt-e māli	خدمات مالی
industria (f) alimentare	mavādd-e qazāyi	مواد غذایی
agenzia (f) di pompe funebri	xadamat-e kafno dafn	خدمات کفن و دفن
mobili (m pl)	mobl	مبل
abbigliamento (m)	lebās	لباس
albergo, hotel (m)	hotel	هتل
gelato (m)	bastani	بستنی
industria (f)	san'at	صنعت
assicurazione (f)	bime	بیمه
internet (f)	internet	اینترنت
investimenti (m pl)	sarmāye gozāri	سرمایه گذاری
gioielliere (m)	javāheri	جواهری
gioielli (m pl)	javāherāt	جواهرات
lavanderia (f)	xošk-šuyi	خشکشویی
consulente (m) legale	xadamāt-e hoquqi	خدمات حقوقی
industria (f) leggera	sanāye-'e sabok	صنایع سبک
rivista (f)	majalle	مجله
vendite (f pl) per corrispondenza	foruš-e sefāreš-e posti	فروش سفارش پستی
medicina (f)	pezeški	پزشکی

cinema (m)	sinamā	سینما
museo (m)	muze	موزه

agenzia (f) di stampa	xabar-gozari	خبرگزاری
giornale (m)	ruznāme	روزنامه
locale notturno (m)	kābāre	کاباره

petrolio (m)	naft	نفت
corriere (m) espresso	xadamāt-e post	خدمات پست
farmaci (m pl)	dārusāzi	داروسازی
stampa (f) (~ di libri)	sahhāfi	صحافی
casa (f) editrice	entešārāt	انتشارات

radio (f)	rādiyo	رادیو
beni (m pl) immobili	amvāl-e qeyr-e manqul	اموال غیر منقول
ristorante (m)	resturān	رستوران

agenzia (f) di sicurezza	āžāns-e amniyati	آژانس امنیتی
sport (m)	varzeš	ورزش
borsa (f)	burs	بورس
negozio (m)	maqāze	مغازه
supermercato (m)	supermārket	سوپرمارکت
piscina (f)	estaxr	استخر

sartoria (f)	xayyāti	خیاطی
televisione (f)	televiziyon	تلویزیون
teatro (m)	teātr	تئاتر
commercio (m)	tejārat	تجارت
mezzi (m pl) di trasporto	haml-o naql	حمل و نقل
viaggio (m)	turism	توریسم

veterinario (m)	dāmpezešk	دامپزشک
deposito, magazzino (m)	anbār	انبار
trattamento (m) dei rifiuti	jam āvari-ye zobāle	جمع آوری زباله

Lavoro. Affari. Parte 2

83. Spettacolo. Mostra

fiera (f)	namāyešgāh	نمایشگاه
fiera (f) campionaria	namāyešgāh-e tejāri	نمایشگاه تجاری
partecipazione (f)	šerkat	شرکت
partecipare (vi)	šerekat kardan	شرکت کردن
partecipante (m)	šerekat konande	شرکت کننده
direttore (m)	ra'is	رئیس
ufficio (m) organizzativo	daftar-e modiriyat	دفتر مدیریت
organizzatore (m)	sāzmān dahande	سازمان دهنده
organizzare (vt)	sāzmān dādan	سازمان دادن
domanda (f) di partecipazione	darxāst-e šerkat	درخواست شرکت
riempire (vt)	por kardan	پر کردن
dettagli (m pl)	joz'iyāt	جزئیات
informazione (f)	ettelā'āt	اطلاعات
prezzo (m)	arzeš	ارزش
incluso (agg)	šāmel	شامل
includere (vt)	šāmel šodan	شامل شدن
pagare (vi, vt)	pardāxtan	پرداختن
quota (f) d'iscrizione	haqq-e sabt	حق ثبت
entrata (f)	vorud	ورود
padiglione (m)	qorfe	غرفه
registrare (vt)	sabt kardan	ثبت کردن
tesserino (m)	kārt-e šenāsāyi	کارت شناسایی
stand (m)	qorfe	غرفه
prenotare (riservare)	rezerv kardan	رزرو کردن
vetrina (f)	vitrin	ویترین
faretto (m)	nurafkan	نورافکن
design (m)	tarh	طرح
collocare (vt)	qarār dādan	قرار دادن
collocarsi (vr)	qarār gereftan	قرار گرفتن
distributore (m)	towzi' konande	توزیع کننده
fornitore (m)	arze konande	عرضه کننده
fornire (vt)	arze kardan	عرضه کردن
paese (m)	kešvar	کشور
straniero (agg)	xāreji	خارجی
prodotto (m)	mahsul	محصول
associazione (f)	anjoman	انجمن
sala (f) conferenze	tālār-e konferāns	تالار کنفرانس

congresso (m)	kongere	کنگره
concorso (m)	mosābeqe	مسابقه
visitatore (m)	bāzdid konande	بازدید کننده
visitare (vt)	bāzdid kardan	بازدید کردن
cliente (m)	moštari	مشتری

84. Scienza. Ricerca. Scienziati

scienza (f)	elm	علم
scientifico (agg)	elmi	علمی
scienziato (m)	dānešmand	دانشمند
teoria (f)	nazariye	نظریه
assioma (m)	qā'ede-ye kolli	قاعده کلی
analisi (f)	tahlil	تحلیل
analizzare (vt)	tahlil kardan	تحلیل کردن
argomento (m)	dalil	دلیل
sostanza, materia (f)	mādde	ماده
ipotesi (f)	farziye	فرضیه
dilemma (m)	dorāhi	دوراهی
tesi (f)	pāyān nāme	پایان نامه
dogma (m)	aqide	عقیده
dottrina (f)	doktorin	دکترین
ricerca (f)	tahqiq	تحقیق
fare ricerche	tahghigh kardan	تحقیق کردن
prova (f)	āzmāyeš	آزمایش
laboratorio (m)	āzmāyešgāh	آزمایشگاه
metodo (m)	raveš	روش
molecola (f)	molekul	مولکول
monitoraggio (m)	nozzār-at	نظارت
scoperta (f)	kašf	کشف
postulato (m)	engāre	انگاره
principio (m)	asl	اصل
previsione (f)	piš bini	پیش بینی
fare previsioni	pišbini kardan	پیش بینی کردن
sintesi (f)	santez	سنتز
tendenza (f)	gerāyeš	گرایش
teorema (m)	qaziye	قضیه
insegnamento (m)	āmuzeš	آموزش
fatto (m)	haqiqat	حقیقت
spedizione (f)	safar	سفر
esperimento (m)	āzmāyeš	آزمایش
accademico (m)	ozv-e ākādemi	عضو آکادمی
laureato (m)	lisāns	لیسانس
dottore (m)	pezešk	پزشک
professore (m) associato	dānešyār	دانشیار

| Master (m) | foqe lisāns | فوق ليسانس |
| professore (m) | porofosor | پروفسور |

Professioni e occupazioni

85. Ricerca di un lavoro. Licenziamento

lavoro (m)	kār	کار
organico (m)	kārmandān	کارمندان
personale (m)	kādr	کادر
carriera (f)	šoql	شغل
prospettiva (f)	durnamā	دورنما
abilità (f pl)	mahārat	مهارت
selezione (f) (~ del personale)	entexāb	انتخاب
agenzia (f) di collocamento	āžāns-e kāryābi	آژانس کاریابی
curriculum vitae (f)	rezume	رزومه
colloquio (m)	mosāhabe-ye kari	مصاحبه کاری
posto (m) vacante	post-e xāli	پست خالی
salario (m)	hoquq	حقوق
stipendio (m) fisso	darāmad-e s ābet	درآمد ثابت
compenso (m)	pardāxt	پرداخت
carica (f), funzione (f)	šoql	شغل
mansione (f)	vazife	وظیفه
mansioni (f pl) di lavoro	šarh-e vazāyef	شرح وظایف
occupato (agg)	mašqul	مشغول
licenziare (vt)	exrāj kardan	اخراج کردن
licenziamento (m)	exrāj	اخراج
disoccupazione (f)	bikāri	بیکاری
disoccupato (m)	bikār	بیکار
pensionamento (m)	mostamerri	مستمری
andare in pensione	bāznešaste šodan	بازنشسته شدن

86. Gente d'affari

direttore (m)	modir	مدیر
dirigente (m)	modir	مدیر
capo (m)	ra'is	رئیس
superiore (m)	māfowq	مافوق
capi (m pl)	roasā	رؤسا
presidente (m)	ra'is jomhur	رئیس جمهور
presidente (m) (impresa)	ra'is	رئیس
vice (m)	mo'āven	معاون
assistente (m)	mo'āven	معاون

segretario (m)	monši	منشی
assistente (m) personale	dastyār-e šaxsi	دستیار شخصی
uomo (m) d'affari	bāzargān	بازرگان
imprenditore (m)	kārāfarin	کارآفرین
fondatore (m)	moasses	مؤسس
fondare (vt)	ta'sis kardan	تأسیس کردن
socio (m)	hamkār	همکار
partner (m)	šarik	شریک
azionista (m)	sahāmdār	سهامدار
milionario (m)	milyuner	میلیونر
miliardario (m)	milyārder	میلیاردر
proprietario (m)	sāheb	صاحب
latifondista (m)	zamin-dār	زمین دار
cliente (m) (di professionista)	xaridār	خریدار
cliente (m) abituale	xaridār-e dāemi	خریدار دائمی
compratore (m)	xaridār	خریدار
visitatore (m)	bāzdid konande	بازدید کننده
professionista (m)	herfe i	حرفه ای
esperto (m)	kāršenās	کارشناس
specialista (m)	motexasses	متخصص
banchiere (m)	kārmand-e bānk	کارمند بانک
broker (m)	dallāl-e kārgozār	دلال کارگزار
cassiere (m)	sanduqdār	صندوقدار
contabile (m)	hesābdār	حسابدار
guardia (f) giurata	negahbān	نگهبان
investitore (m)	sarmāye gozār	سرمایه گذار
debitore (m)	bedehkār	بدهکار
creditore (m)	talabkār	طلبکار
mutuatario (m)	vām girande	وام گیرنده
importatore (m)	vāred konande	وارد کننده
esportatore (m)	sāder konande	صادر کننده
produttore (m)	towlid konande	تولید کننده
distributore (m)	towzi' konande	توزیع کننده
intermediario (m)	vāsete	واسطه
consulente (m)	mošāver	مشاور
rappresentante (m)	namāyande	نماینده
agente (m)	namāyande	نماینده
assicuratore (m)	namāyande-ye bime	نمایندهٔ بیمه

87. Professioni amministrative

cuoco (m)	āšpaz	آشپز
capocuoco (m)	sarāšpaz	سرآشپز

Italiano	Traslitterazione	Persiano
fornaio (m)	nānvā	نانوا
barista (m)	motesaddi-ye bār	متصدی بار
cameriere (m)	pišxedmat	پیشخدمت
cameriera (f)	pišxedmat	پیشخدمت
avvocato (m)	vakil	وکیل
esperto (m) legale	hoquq dān	حقوق دان
notaio (m)	daftardār	دفتردار
elettricista (m)	barq-e kār	برق کار
idraulico (m)	lule keš	لوله کش
falegname (m)	najjār	نجار
massaggiatore (m)	māsāž dahande	ماساژ دهنده
massaggiatrice (f)	māsāž dahande	ماساژ دهنده
medico (m)	pezešk	پزشک
taxista (m)	rānande-ye tāksi	راننده تاکسی
autista (m)	rānande	راننده
fattorino (m)	peyk	پیک
cameriera (f)	mostaxdem	مستخدم
guardia (f) giurata	negahbān	نگهبان
hostess (f)	mehmāndār-e havāpeymā	مهماندار هواپیما
insegnante (m, f)	mo'allem	معلم
bibliotecario (m)	ketābdār	کتابدار
traduttore (m)	motarjem	مترجم
interprete (m)	motarjem-e šafāhi	مترجم شفاهی
guida (f)	rāhnamā-ye tur	راهنمای تور
parrucchiere (m)	ārāyešgar	آرایشگر
postino (m)	nāme resān	نامه رسان
commesso (m)	forušande	فروشنده
giardiniere (m)	bāqbān	باغبان
domestico (m)	nowkar	نوکر
domestica (f)	xedmatkār	خدمتکار
donna (f) delle pulizie	zan-e nezāfatči	زن نظافتچی

88. Professioni militari e gradi

Italiano	Traslitterazione	Persiano
soldato (m) semplice	sarbāz	سرباز
sergente (m)	goruhbān	گروهبان
tenente (m)	sotvān	ستوان
capitano (m)	kāpitān	کاپیتان
maggiore (m)	sargord	سرگرد
colonnello (m)	sarhang	سرهنگ
generale (m)	ženerāl	ژنرال
maresciallo (m)	māršāl	مارشال
ammiraglio (m)	daryāsālār	دریاسالار
militare (m)	nezāmi	نظامی
soldato (m)	sarbāz	سرباز

ufficiale (m)	afsar	افسر
comandante (m)	farmāndeh	فرمانده

guardia (f) di frontiera	marzbān	مرزبان
marconista (m)	bisim či	بیسم چی
esploratore (m)	ettelā'āti	اطلاعاتی
geniere (m)	mohandes estehkāmāt	مهندس استحکامات
tiratore (m)	tirandāz	تیرانداز
navigatore (m)	nāvbar	ناوبر

89. Funzionari. Sacerdoti

re (m)	šāh	شاه
regina (f)	maleke	ملکه
principe (m)	šāhzāde	شاهزاده
principessa (f)	pranses	پرنسس
zar (m)	tezār	تزار
zarina (f)	maleke	ملکه
presidente (m)	ra'is jomhur	رئیس جمهور
ministro (m)	vazir	وزیر
primo ministro (m)	noxost vazir	نخست وزیر
senatore (m)	senātor	سناتور
diplomatico (m)	diplomāt	دیپلمات
console (m)	konsul	کنسول
ambasciatore (m)	safir	سفیر
consigliere (m)	mošāver	مشاور
funzionario (m)	kārmand	کارمند
prefetto (m)	baxšdār	بخشدار
sindaco (m)	šahrdār	شهردار
giudice (m)	qāzi	قاضی
procuratore (m)	dādsetān	دادستان
missionario (m)	misiyoner	میسیونر
monaco (m)	rāheb	راهب
abate (m)	rāheb-e bozorg	راهب بزرگ
rabbino (m)	xāxām	خاخام
visir (m)	vazir	وزیر
scià (m)	šāh	شاه
sceicco (m)	šeyx	شیخ

90. Professioni agricole

apicoltore (m)	zanburdār	زنبوردار
pastore (m)	čupān	چوپان
agronomo (m)	motexasses-e kešāvarzi	متخصص کشاورزی

allevatore (m) di bestiame	dāmparvar	دامپرور
veterinario (m)	dāmpezešk	دامپزشک
fattore (m)	kešāvarz	کشاورز
vinificatore (m)	šarāb sāz	شراب ساز
zoologo (m)	jānevar-šenās	جانور شناس
cowboy (m)	gāvčerān	گاوچران

91. Professioni artistiche

attore (m)	bāzigar	بازیگر
attrice (f)	bāzigar	بازیگر
cantante (m)	xānande	خواننده
cantante (f)	xānande	خواننده
danzatore (m)	raqqās	رقاص
ballerina (f)	raqqāse	رقاصه
artista (m)	honarpiše	هنرپیشه
artista (f)	honarpiše	هنرپیشه
musicista (m)	muzisiyan	موزیسین
pianista (m)	piyānist	پیانیست
chitarrista (m)	gitārist	گیتاریست
direttore (m) d'orchestra	rahbar-e orkestr	رهبر ارکستر
compositore (m)	āhangsāz	آهنگساز
impresario (m)	modir-e operā	مدیر اپرا
regista (m)	kārgardān	کارگردان
produttore (m)	tahiye konande	تهیه کننده
sceneggiatore (m)	senārist	سناریست
critico (m)	montaqed	منتقد
scrittore (m)	nevisande	نویسنده
poeta (m)	šā'er	شاعر
scultore (m)	mojassame sāz	مجسمه ساز
pittore (m)	naqqāš	نقاش
giocoliere (m)	tardast	تردست
pagliaccio (m)	dalqak	دلقک
acrobata (m)	ākrobāt	آکروبات
prestigiatore (m)	šo'bade bāz	شعبده باز

92. Professioni varie

medico (m)	pezešk	پزشک
infermiera (f)	parastār	پرستار
psichiatra (m)	ravānpezešk	روانپزشک
dentista (m)	dandān pezešk	دندان پزشک
chirurgo (m)	jarrāh	جراح

astronauta (m)	fazānavard	فضانورد
astronomo (m)	setāre-šenās	ستاره شناس
pilota (m)	xalabān	خلبان
autista (m)	rānande	راننده
macchinista (m)	rānande	راننده
meccanico (m)	mekānik	مکانیک
minatore (m)	ma'danči	معدنچی
operaio (m)	kārgar	کارگر
operaio (m) metallurgico	qofl sāz	قفل ساز
falegname (m)	najjār	نجار
tornitore (m)	tarrāš kār	تراش کار
operaio (m) edile	kārgar-e sāxtemāni	کارگر ساختمانی
saldatore (m)	juš kār	جوش کار
professore (m)	porofosor	پروفسور
architetto (m)	me'mār	معمار
storico (m)	movarrex	مورخ
scienziato (m)	dānešmand	دانشمند
fisico (m)	fizikdān	فیزیکدان
chimico (m)	šimi dān	شیمی دان
archeologo (m)	bāstān-šenās	باستان شناس
geologo (m)	zamin-šenās	زمین شناس
ricercatore (m)	pažuhešgar	پژوهشگر
baby-sitter (m, f)	parastār bače	پرستار بچه
insegnante (m, f)	āmuzgār	آموزگار
redattore (m)	virāstār	ویراستار
redattore capo (m)	sardabir	سردبیر
corrispondente (m)	xabarnegār	خبرنگار
dattilografa (f)	māšin nevis	ماشین نویس
designer (m)	tarāh	طراح
esperto (m) informatico	kāršenās kāmpiyuter	کارشناس کامپیوتر
programmatore (m)	barnāme-ye nevis	برنامه نویس
ingegnere (m)	mohandes	مهندس
marittimo (m)	malavān	ملوان
marinaio (m)	malavān	ملوان
soccorritore (m)	nejāt-e dahande	نجات دهنده
pompiere (m)	ātaš nešān	آتش نشان
poliziotto (m)	polis	پلیس
guardiano (m)	mohāfez	محافظ
detective (m)	kārāgāh	کارآگاه
doganiere (m)	ma'mur-e gomrok	مامور گمرک
guardia (f) del corpo	mohāfez-e šaxsi	محافظ شخصی
guardia (f) carceraria	negahbān zendān	نگهبان زندان
ispettore (m)	bāzres	بازرس
sportivo (m)	varzeškār	ورزشکار
allenatore (m)	morabbi	مربی

macellaio (m)	qassāb	قصاب
calzolaio (m)	kaffāš	کفاش
uomo (m) d'affari	bāzargān	بازرگان
caricatore (m)	bārbar	باربر
stilista (m)	tarrāh-e lebas	طراح لباس
modella (f)	model-e zan	مدل زن

93. Attività lavorative. Condizione sociale

scolaro (m)	dāneš-āmuz	دانش آموز
studente (m)	dānešju	دانشجو
filosofo (m)	filsuf	فیلسوف
economista (m)	eqtesāddān	اقتصاددان
inventore (m)	moxtareʻ	مخترع
disoccupato (m)	bikār	بیکار
pensionato (m)	bāznešaste	بازنشسته
spia (f)	jāsus	جاسوس
detenuto (m)	zendāni	زندانی
scioperante (m)	eʻtesāb konande	اعتصاب کننده
burocrate (m)	maʻmur-e edāri	مأمور اداری
viaggiatore (m)	mosāfer	مسافر
omosessuale (m)	hamjens-e bāz	همجنس باز
hacker (m)	haker	هکر
hippy (m, f)	hipi	هیپی
bandito (m)	rāhzan	راهزن
sicario (m)	ādamkoš	آدمکش
drogato (m)	moʻtād	معتاد
trafficante (m) di droga	forušande-ye mavādd-e moxadder	فروشندۀ مواد مخدر
prostituta (f)	fāheše	فاحشه
magnaccia (m)	jākeš	جاکش
stregone (m)	jādugar	جادوگر
strega (f)	jādugar	جادوگر
pirata (m)	dozd-e daryāyi	دزد دریایی
schiavo (m)	borde	برده
samurai (m)	sāmurāyi	سامورایی
selvaggio (m)	vahši	وحشی

Istruzione

94. Scuola

scuola (f)	madrese	مدرسه
direttore (m) di scuola	modir-e madrese	مدیر مدرسه
allievo (m)	dāneš-āmuz	دانش آموز
allieva (f)	dāneš-āmuz	دانش آموز
scolaro (m)	dāneš-āmuz	دانش آموز
scolara (f)	dāneš-āmuz	دانش آموز
insegnare (qn)	āmuxtan	آموختن
imparare (una lingua)	yād gereftan	یاد گرفتن
imparare a memoria	az hefz kardan	از حفظ کردن
studiare (vi)	yād gereftan	یاد گرفتن
frequentare la scuola	tahsil kardan	تحصیل کردن
andare a scuola	madrese raftan	مدرسه رفتن
alfabeto (m)	alefbā	الفبا
materia (f)	mabhas	مبحث
classe (f)	kelās	کلاس
lezione (f)	dars	درس
ricreazione (f)	zang-e tafrih	زنگ تفریح
campanella (f)	zang	زنگ
banco (m)	miz-e tahrir	میز تحریر
lavagna (f)	taxte-ye siyāh	تخته سیاه
voto (m)	nomre	نمره
voto (m) alto	nomre-ye xub	نمرۀ خوب
voto (m) basso	nomre-ye bad	نمرۀ بد
dare un voto	nomre gozāštan	نمره گذاشتن
errore (m)	eštebāh	اشتباه
fare errori	eštebāh kardan	اشتباه کردن
correggere (vt)	eslāh kardan	اصلاح کردن
bigliettino (m)	taqallob	تقلب
compiti (m pl)	taklif manzel	تکلیف منزل
esercizio (m)	tamrin	تمرین
essere presente	hozur dāštan	حضور داشتن
essere assente	qāyeb budan	غایب بودن
mancare le lezioni	az madrese qāyeb budan	ازمدرسه غایب بودن
punire (vt)	tanbih kardan	تنبیه کردن
punizione (f)	tanbih	تنبیه
comportamento (m)	raftār	رفتار

Italiano	Traslitterazione	Persiano
pagella (f)	gozāreš-e ruzāne	گزارش روزانه
matita (f)	medād	مداد
gomma (f) per cancellare	pāk kon	پاک کن
gesso (m)	gač	گچ
astuccio (m) portamatite	qalamdān	قلمدان
cartella (f)	kif madrese	کیف مدرسه
penna (f)	xodkār	خودکار
quaderno (m)	daftar	دفتر
manuale (m)	ketāb-e darsi	کتاب درسی
compasso (m)	pargār	پرگار
disegnare (tracciare)	rasm kardan	رسم کردن
disegno (m) tecnico	rasm-e fani	رسم فنی
poesia (f)	še'r	شعر
a memoria	az hefz	از حفظ
imparare a memoria	az hefz kardan	از حفظ کردن
vacanze (f pl) scolastiche	ta'tilāt	تعطیلات
essere in vacanza	dar ta'tilāt budan	در تعطیلات بودن
passare le vacanze	ta'tilāt rā gozarāndan	تعطیلات را گذراندن
prova (f) scritta	emtehān	امتحان
composizione (f)	enšā'	انشاء
dettato (m)	dikte	دیکته
esame (m)	emtehān	امتحان
sostenere un esame	emtehān dādan	امتحان دادن
esperimento (m)	āzmāyeš	آزمایش

95. Istituto superiore. Università

Italiano	Traslitterazione	Persiano
accademia (f)	farhangestān	فرهنگستان
università (f)	dānešgāh	دانشگاه
facoltà (f)	dāneškade	دانشکده
studente (m)	dānešju	دانشجو
studentessa (f)	dānešju	دانشجو
docente (m, f)	ostād	استاد
aula (f)	kelās	کلاس
diplomato (m)	fāreqottahsil	فارغ التحصیل
diploma (m)	diplom	دیپلم
tesi (f)	pāyān nāme	پایان نامه
ricerca (f)	tahqiqe elmi	تحقیق علمی
laboratorio (m)	āzmāyešgāh	آزمایشگاه
lezione (f)	soxanrāni	سخنرانی
compagno (m) di corso	ha mdowre i	هم دوره ای
borsa (f) di studio	burse tahsili	بورس تحصیلی
titolo (m) accademico	daraje-ye elmi	درجۀ علمی

96. Scienze. Discipline

matematica (f)	riyāziyāt	ریاضیات
algebra (f)	jabr	جبر
geometria (f)	hendese	هندسه

astronomia (f)	setāre-šenāsi	ستاره شناسی
biologia (f)	zist-šenāsi	زیست شناسی
geografia (f)	joqrāfiyā	جغرافیا
geologia (f)	zamin-šenāsi	زمین شناسی
storia (f)	tārix	تاریخ

medicina (f)	pezeški	پزشکی
pedagogia (f)	olume tarbiyati	علوم تربیتی
diritto (m)	hoquq	حقوق

fisica (f)	fizik	فیزیک
chimica (f)	šimi	شیمی
filosofia (f)	falsafe	فلسفه
psicologia (f)	ravānšenāsi	روانشناسی

97. Sistema di scrittura. Ortografia

grammatica (f)	gerāmer	گرامر
lessico (m)	vājegān	واژگان
fonetica (f)	sadā-šenāsi	صداشناسی

sostantivo (m)	esm	اسم
aggettivo (m)	sefat	صفت
verbo (m)	fe'l	فعل
avverbio (m)	qeyd	قید

pronome (m)	zamir	ضمیر
interiezione (f)	harf-e nedā	حرف ندا
preposizione (f)	harf-e ezāfe	حرف اضافه

radice (f)	riše-ye kalame	ریشه کلمه
desinenza (f)	pasvand	پسوند
prefisso (m)	pišvand	پیشوند
sillaba (f)	hejā	هجا
suffisso (m)	pasvand	پسوند

accento (m)	fešar-e hejā	فشار هجا
apostrofo (m)	āpostrof	آپوستروف

punto (m)	noqte	نقطه
virgola (f)	virgul	ویرگول
punto (m) e virgola	noqte virgul	نقطه ویرگول
due punti	donoqte	دونقطه
puntini di sospensione	čand noqte	چند نقطه

punto (m) interrogativo	alāmat-e soāl	علامت سؤال
punto (m) esclamativo	alāmat-e taajjob	علامت تعجب

virgolette (f pl)	giyume	گیومه
tra virgolette	dar giyume	در گیومه
parentesi (f pl)	parāntez	پرانتز
tra parentesi	dar parāntez	در پرانتز
trattino (m)	xatt-e vāsel	خط واصل
lineetta (f)	xatt-e tire	خط تیره
spazio (m) (tra due parole)	fāsele	فاصله
lettera (f)	harf	حرف
lettera (f) maiuscola	harf-e bozorg	حرف بزرگ
vocale (f)	sedādār	صدادار
consonante (f)	sāmet	صامت
proposizione (f)	jomle	جمله
soggetto (m)	nahād	نهاد
predicato (m)	gozāre	گزاره
riga (f)	satr	سطر
a capo	sar-e satr	سر سطر
capoverso (m)	band	بند
parola (f)	kalame	کلمه
gruppo (m) di parole	ebārat	عبارت
espressione (f)	bayān	بیان
sinonimo (m)	moterādef	مترادف
antonimo (m)	motezād	متضاد
regola (f)	qā'ede	قاعده
eccezione (f)	estesnā	استثنا
giusto (corretto)	sahih	صحیح
coniugazione (f)	sarf	صرف
declinazione (f)	sarf-e kalemāt	صرف کلمات
caso (m) nominativo	hālat	حالت
domanda (f)	soāl	سؤال
sottolineare (vt)	xatt kešidan	خط کشیدن
linea (f) tratteggiata	noqte čin	نقطه چین

98. Lingue straniere

lingua (f)	zabān	زبان
straniero (agg)	xāreji	خارجی
lingua (f) straniera	zabān-e xāreji	زبان خارجی
studiare (vt)	dars xāndan	درس خواندن
imparare (una lingua)	yād gereftan	یاد گرفتن
leggere (vi, vt)	xāndan	خواندن
parlare (vi, vt)	harf zadan	حرف زدن
capire (vt)	fahmidan	فهمیدن
scrivere (vi, vt)	neveštan	نوشتن
rapidamente	sari'	سریع
lentamente	āheste	آهسته

correntemente	ravān	روان
regole (f pl)	qavā'ed	قواعد
grammatica (f)	gerāmer	گرامر
lessico (m)	vājegān	واژگان
fonetica (f)	āvā-šenāsi	آواشناسی
manuale (m)	ketāb-e darsi	کتاب درسی
dizionario (m)	farhang-e loqat	فرهنگ لغت
manuale (m) autodidattico	xod-āmuz	خودآموز
frasario (m)	ketāb-e mokāleme	کتاب مکالمه
cassetta (f)	kāst	کاست
videocassetta (f)	kāst-e video	کاست ویدئو
CD (m)	si-di	سیدی
DVD (m)	dey vey dey	دی وی دی
alfabeto (m)	alefbā	الفبا
compitare (vt)	heji kardan	هجی کردن
pronuncia (f)	talaffoz	تلفظ
accento (m)	lahje	لهجه
con un accento	bā lahje	با لهجه
senza accento	bi lahje	بی لهجه
vocabolo (m)	kalame	کلمه
significato (m)	ma'ni	معنی
corso (m) (~ di francese)	dowre	دوره
iscriversi (vr)	nām-nevisi kardan	نام نویسی کردن
insegnante (m, f)	ostād	استاد
traduzione (f) (fare una ~)	tarjome	ترجمه
traduzione (f) (un testo)	tarjome	ترجمه
traduttore (m)	motarjem	مترجم
interprete (m)	motarjem-e šafāhi	مترجم شفاهی
poliglotta (m)	čand zabāni	چند زبانی
memoria (f)	hāfeze	حافظه

Ristorante. Intrattenimento. Viaggi

99. Escursione. Viaggio

turismo (m)	gardešgari	گردشگری
turista (m)	turist	توریست
viaggio (m) (all'estero)	mosāferat	مسافرت
avventura (f)	mājarā	ماجرا
viaggio (m) (corto)	safar	سفر
vacanza (f)	moraxxasi	مرخصی
essere in vacanza	dar moraxassi budan	در مرخصی بودن
riposo (m)	esterāhat	استراحت
treno (m)	qatār	قطار
in treno	bā qatār	با قطار
aereo (m)	havāpeymā	هواپیما
in aereo	bā havāpeymā	با هواپیما
in macchina	bā otomobil	با اتومبیل
in nave	dar kešti	با کشتی
bagaglio (m)	bār	بار
valigia (f)	čamedān	چمدان
carrello (m)	čarx-e hamle bar	چرخ حمل بار
passaporto (m)	gozarnāme	گذرنامه
visto (m)	ravādid	روادید
biglietto (m)	belit	بلیط
biglietto (m) aereo	belit-e havāpeymā	بلیط هواپیما
guida (f)	ketāb-e rāhnamā	کتاب راهنما
carta (f) geografica	naqše	نقشه
località (f)	mahal	محل
luogo (m)	jā	جا
ogetti (m pl) esotici	qarāyeb	غرایب
esotico (agg)	qarib	غریب
sorprendente (agg)	heyrat angiz	حیرت انگیز
gruppo (m)	goruh	گروه
escursione (f)	gardeš	گردش
guida (f) (cicerone)	rāhnamā-ye tur	راهنمای تور

100. Hotel

albergo (m)	hotel	هتل
motel (m)	motel	متل
tre stelle	se setāre	سه ستاره

cinque stelle	panj setāre	پنج ستاره
alloggiare (vi)	māndan	ماندن
camera (f)	otāq	اتاق
camera (f) singola	otāq-e yeknafare	اتاق یک نفره
camera (f) doppia	otāq-e do nafare	اتاق دو نفره
prenotare una camera	otāq rezerv kardan	اتاق رزرو کردن
mezza pensione (f)	nim pānsiyon	نیم پانسیون
pensione (f) completa	pānsiyon	پانسیون
con bagno	bā vān	با وان
con doccia	bā duš	با دوش
televisione (f) satellitare	televiziyon-e māhvārei	تلویزیون ماهواره ای
condizionatore (m)	tahviye-ye matbu'	تهویه مطبوع
asciugamano (m)	howle	حوله
chiave (f)	kelid	کلید
amministratore (m)	edāre-ye konande	اداره کننده
cameriera (f)	mostaxdem	مستخدم
portabagagli (m)	bārbar	باربر
portiere (m)	darbān	دربان
ristorante (m)	resturān	رستوران
bar (m)	bār	بار
colazione (f)	sobhāne	صبحانه
cena (f)	šām	شام
buffet (m)	bufe	بوفه
hall (f) (atrio d'ingresso)	lābi	لابی
ascensore (m)	āsānsor	آسانسور
NON DISTURBARE	mozāhem našavid	مزاحم نشوید
VIETATO FUMARE!	sigār kešidan mamnu'	سیگار کشیدن ممنوع

ATTREZZATURA TECNICA. MEZZI DI TRASPORTO

Attrezzatura tecnica

101. Computer

Italiano	Traslitterazione	Persiano
computer (m)	kāmpiyuter	کامپیوتر
computer (m) portatile	lap tāp	لپ تاپ
accendere (vt)	rowšan kardan	روشن کردن
spegnere (vt)	xāmuš kardan	خاموش کردن
tastiera (f)	sahfe kelid	صفحه کلید
tasto (m)	kelid	کلید
mouse (m)	māows	ماوس
tappetino (m) del mouse	māows pad	ماوس پد
tasto (m)	dokme	دکمه
cursore (m)	makān namā	مکان نما
monitor (m)	monitor	مونیتور
schermo (m)	safhe	صفحه
disco (m) rigido	hārd disk	هارد دیسک
spazio (m) sul disco rigido	hajm-e hard	حجم هارد
memoria (f)	hāfeze	حافظه
memoria (f) operativa	hāfeze-ye ram	حافظه رم
file (m)	parvande	پرونده
cartella (f)	puše	پوشه
aprire (vt)	bāz kardan	باز کردن
chiudere (vt)	bastan	بستن
salvare (vt)	zaxire kardan	ذخیره کردن
eliminare (vt)	hazf kardan	حذف کردن
copiare (vt)	kopi kardan	کپی کردن
ordinare (vt)	tabaqe bandi kardan	طبقه بندی کردن
trasferire (vt)	kopi kardan	کپی کردن
programma (m)	barnāme	برنامه
software (m)	narm afzār	نرم افزار
programmatore (m)	barnāme-ye nevis	برنامه نویس
programmare (vt)	barnāme-nevisi kardan	برنامه نویسی کردن
hacker (m)	haker	هکر
password (f)	kalame-ye obur	کلمه عبور
virus (m)	virus	ویروس
trovare (un virus, ecc.)	peydā kardan	پیدا کردن
byte (m)	bāyt	بایت

megabyte (m)	megābāyt	مگابایت
dati (m pl)	dāde-hā	داده ها
database (m)	pāygāh dāde-hā	پایگاه داده ها
cavo (m)	kābl	کابل
sconnettere (vt)	jodā kardan	جدا کردن
collegare (vt)	vasl kardan	وصل کردن

102. Internet. Posta elettronica

internet (f)	internet	اینترنت
navigatore (m)	morurgar	مرورگر
motore (m) di ricerca	motor-e jostoju	موتور جستجو
provider (m)	erāe-ye dehande	ارائه دهنده
webmaster (m)	tarrāh-e vebsāyt	طراح وب سایت
sito web (m)	veb-sāyt	وب سایت
pagina web (f)	safhe-ye veb	صفحه وب
indirizzo (m)	nešāni	نشانی
rubrica (f) indirizzi	daftarče-ye nešāni	دفترچه نشانی
casella (f) di posta	sanduq-e post	صندوق پست
posta (f)	post	پست
troppo piena (agg)	por	پر
messaggio (m)	payām	پیام
messaggi (m pl) in arrivo	payāmhā-ye vorudi	پیامهای ورودی
messaggi (m pl) in uscita	payāmhā-ye xoruji	پیامهای خروجی
mittente (m)	ferestande	فرستنده
inviare (vt)	ferestādan	فرستادن
invio (m)	ersāl	ارسال
destinatario (m)	girande	گیرنده
ricevere (vt)	gereftan	گرفتن
corrispondenza (f)	mokātebe	مکاتبه
essere in corrispondenza	mokātebe kardan	مکاتبه کردن
file (m)	parvande	پرونده
scaricare (vt)	dānlod kardan	دانلود کردن
creare (vt)	ijād kardan	ایجاد کردن
eliminare (vt)	hazf kardan	حذف کردن
eliminato (agg)	hazf šode	حذف شده
connessione (f)	ertebāt	ارتباط
velocità (f)	sor'at	سرعت
modem (m)	modem	مودم
accesso (m)	dastyābi	دستیابی
porta (f)	dargāh	درگاه
collegamento (m)	ertebāt	ارتباط
collegarsi a …	vasl šodan	وصل شدن

scegliere (vt)	entexāb kardan	انتخاب کردن
cercare (vt)	jostoju kardan	جستجو کردن

103. Elettricità

elettricità (f)	barq	برق
elettrico (agg)	barqi	برقی
centrale (f) elettrica	nirugāh	نیروگاه
energia (f)	enerži	انرژی
energia (f) elettrica	niru-ye barq	نیروی برق
lampadina (f)	lāmp	لامپ
torcia (f) elettrica	čerāq-e dasti	چراغ دستی
lampione (m)	čerāq-e barq	چراغ برق
luce (f)	nur	نور
accendere (luce)	rowšan kardan	روشن کردن
spegnere (vt)	xāmuš kardan	خاموش کردن
spegnere la luce	čerāq rā xāmuš kardan	چراغ را خاموش کردن
fulminarsi (vr)	suxtan	سوختن
corto circuito (m)	ettesāli	اتصالی
rottura (f) (~ di un cavo)	sim qatʿ šode	سیم قطع شده
contatto (m)	tamās	تماس
interruttore (m)	kelid	کلید
presa (f) elettrica	periz	پریز
spina (f)	došāxe	دوشاخه
prolunga (f)	sim-e sayār	سیم سیار
fusibile (m)	fiyuz	فیوز
filo (m)	sim	سیم
impianto (m) elettrico	sim keši	سیم کشی
ampere (m)	āmper	آمپر
intensità di corrente	šeddat-e jaryān	شدت جریان
volt (m)	volt	ولت
tensione (f)	voltāž	ولتاژ
apparecchio (m) elettrico	vasile-ye barqi	وسیله برقی
indicatore (m)	šāxes	شاخص
elettricista (m)	barq-e kār	برق کار
saldare (vt)	lahim kardan	لحیم کردن
saldatoio (m)	hoviye	هویه
corrente (f)	jaryān-e barq	جریان برق

104. Utensili

utensile (m)	abzār	ابزار
utensili (m pl)	abzār	ابزار
impianto (m)	tajhizāt	تجهیزات

martello (m)	čakoš	چکش
giravite (m)	pič gušti	پیچ گوشتی
ascia (f)	tabar	تبر

sega (f)	arre	اره
segare (vt)	arre kardan	اره کردن
pialla (f)	rande	رنده
piallare (vt)	rande kardan	رنده کردن
saldatoio (m)	hoviye	هویه
saldare (vt)	lahim kardan	لحیم کردن

lima (f)	sowhān	سوهان
tenaglie (f pl)	gāzanbor	گازانبر
pinza (f) a punte piatte	anbordast	انبردست
scalpello (m)	eskene	اسکنه

punta (f) da trapano	sar-matte	سرمته
trapano (m) elettrico	matte barqi	مته برقی
trapanare (vt)	surāx kardan	سوراخ کردن

coltello (m)	kārd	کارد
coltello (m) da tasca	čāqu-ye jibi	چاقوی جیبی
lama (f)	tiqe	تیغه

affilato (coltello ~)	tiz	تیز
smussato (agg)	konad	کند
smussarsi (vr)	konad šodan	کند شدن
affilare (vt)	tiz kardan	تیز کردن

bullone (m)	pič	پیچ
dado (m)	mohre	مهره
filettatura (f)	šiyār	شیار
vite (f)	pič	پیچ

chiodo (m)	mix	میخ
testa (f) di chiodo	sar-e mix	سر میخ

regolo (m)	xat keš	خط کش
nastro (m) metrico	metr	متر
livella (f)	tarāz	تراز
lente (f) d'ingradimento	zarre bin	ذره بین

strumento (m) di misurazione	abzār-e andāzegir-i	ابزاراندازه گیری
misurare (vt)	andāze gereftan	اندازه گرفتن
scala (f) graduata	safhe-ye modarraj	صفحهٔ مدرج
lettura, indicazione (f)	dastgāh-e xaneš	دستگاه خوانش

compressore (m)	komperesor	کمپرسور
microscopio (m)	mikroskop	میکروسکوپ

pompa (f) (~ dell'acqua)	pomp	پمپ
robot (m)	robāt	روبات
laser (m)	leyzer	لیزر

chiave (f)	āčār	آچار
nastro (m) adesivo	navār-e časb	نوار چسب

colla (f)	časb	چسب
carta (f) smerigliata	kāqaz-e sonbāde	کاغذ سنباده
molla (f)	fanar	فنر
magnete (m)	āhan-e robā	آهن ربا
guanti (m pl)	dastkeš	دستکش

corda (f)	tanāb	طناب
cordone (m)	band	بند
filo (m) (~ del telefono)	sim	سیم
cavo (m)	kābl	کابل

mazza (f)	potk	پتک
palanchino (m)	deylam	دیلم
scala (f) a pioli	nardebān	نردبان
scala (m) a libretto	nardebān-e sabok	نردبان سبک

avvitare (stringere)	pič kardan	پیچ کردن
svitare (vt)	bāz kardan	باز کردن
stringere (vt)	fešordan	فشردن
incollare (vt)	časbāndan	چسباندن
tagliare (vt)	boridan	بریدن

guasto (m)	xarābi	خرابی
riparazione (f)	ta'mir	تعمیر
riparare (vt)	ta'mir kardan	تعمیر کردن
regolare (~ uno strumento)	tanzim kardan	تنظیم کردن

verificare (ispezionare)	barresi kardan	بررسی کردن
controllo (m)	barresi	بررسی
lettura, indicazione (f)	dastgāh-e xaneš	دستگاه خوانش

sicuro (agg)	motmaen	مطمئن
complesso (agg)	pičide	پیچیده

arrugginire (vi)	zang zadan	زنگ زدن
arrugginito (agg)	zang zade	زنگ زده
ruggine (f)	zang	زنگ

Mezzi di trasporto

105. Aeroplano

aereo (m)	havāpeymā	هواپیما
biglietto (m) aereo	belit-e havāpeymā	بلیط هواپیما
compagnia (f) aerea	šerkat-e havāpeymāyi	شرکت هواپیمایی
aeroporto (m)	forudgāh	فرودگاه
supersonico (agg)	māvarā sowt	ماوراء صوت
comandante (m)	kāpitān	کاپیتان
equipaggio (m)	xadame	خدمه
pilota (m)	xalabān	خلبان
hostess (f)	mehmāndār-e havāpeymā	مهماندار هواپیما
navigatore (m)	nāvbar	ناویر
ali (f pl)	bāl-hā	بال ها
coda (f)	dam	دم
cabina (f)	kābin	کابین
motore (m)	motor	موتور
carrello (m) d'atterraggio	šāssi	شاسی
turbina (f)	turbin	توربین
elica (f)	parvāne	پروانه
scatola (f) nera	ja'be-ye siyāh	جعبه سیاه
barra (f) di comando	farmān	فرمان
combustibile (m)	suxt	سوخت
safety card (f)	dasturol'amal	دستورالعمل
maschera (f) ad ossigeno	māsk-e oksižen	ماسک اکسیژن
uniforme (f)	oniform	اونیفورم
giubbotto (m) di salvataggio	jeliqe-ye nejāt	جلیقۀ نجات
paracadute (m)	čatr-e nejāt	چترنجات
decollo (m)	parvāz	پرواز
decollare (vi)	parvāz kardan	پرواز کردن
pista (f) di decollo	bānd-e forudgāh	باند فرودگاه
visibilità (f)	meydān did	میدان دید
volo (m)	parvāz	پرواز
altitudine (f)	ertefāʻ	ارتفاع
vuoto (m) d'aria	čāle-ye havāyi	چاله هوایی
posto (m)	jā	جا
cuffia (f)	guši	گوشی
tavolinetto (m) pieghevole	sini-ye tāšow	سینی تاشو
oblò (m), finestrino (m)	panjere	پنجره
corridoio (m)	rāhrow	راهرو

106. Treno

treno (m)	qatār	قطار
elettrotreno (m)	qatār-e barqi	قطار برقی
treno (m) rapido	qatār-e sari'osseyr	قطار سریع السیر
locomotiva (f) diesel	lokomotiv-e dizel	لوکوموتیو دیزل
locomotiva (f) a vapore	lokomotiv-e boxar	لوکوموتیو بخار
carrozza (f)	vāgon	واگن
vagone (m) ristorante	vāgon-e resturān	واگن رستوران
rotaie (f pl)	reyl-hā	ریل ها
ferrovia (f)	rāh āhan	راه آهن
traversa (f)	reyl-e band	ریل بند
banchina (f) (~ ferroviaria)	sakku-ye rāh-āhan	سکوی راه آهن
binario (m) (~ 1, 2)	masir	مسیر
semaforo (m)	nešanar	نشانر
stazione (f)	istgāh	ایستگاه
macchinista (m)	rānande	راننده
portabagagli (m)	bārbar	باربر
cuccettista (m, f)	rāhnamā-ye qatār	راهنمای قطار
passeggero (m)	mosāfer	مسافر
controllore (m)	kontorol či	کنترل چی
corridoio (m)	rāhrow	راهرو
freno (m) di emergenza	tormoz-e ezterāri	ترمز اضطراری
scompartimento (m)	kupe	کوپه
cuccetta (f)	taxt-e kupe	تخت کوپه
cuccetta (f) superiore	taxt-e bālā	تخت بالا
cuccetta (f) inferiore	taxt-e pāyin	تخت پایین
biancheria (f) da letto	raxt-e xāb	رخت خواب
biglietto (m)	belit	بلیط
orario (m)	barnāme	برنامه
tabellone (m) orari	barnāme-ye zamāni	برنامه زمانی
partire (vi)	tark kardan	ترک کردن
partenza (f)	harekat	حرکت
arrivare (di un treno)	residan	رسیدن
arrivo (m)	vorud	ورود
arrivare con il treno	bā qatār āmadan	با قطار آمدن
salire sul treno	savār-e qatār šodan	سوار قطار شدن
scendere dal treno	az qatār piyāde šodan	از قطار پیاده شدن
deragliamento (m)	sānehe	سانحه
deragliare (vi)	az xat xārej šodan	از خط خارج شدن
locomotiva (f) a vapore	lokomotiv-e boxar	لوکوموتیو بخار
fuochista (m)	ātaškār	آتشکار
forno (m)	ātašdān	آتشدان
carbone (m)	zoqāl sang	زغال سنگ

107. Nave

nave (f)	kešti	کشتی
imbarcazione (f)	kešti	کشتی
piroscafo (m)	kešti-ye boxāri	کشتی بخاری
barca (f) fluviale	qāyeq-e rudxāne	قایق رودخانه
transatlantico (m)	kešti-ye tafrihi	کشتی تفریحی
incrociatore (m)	razm nāv	رزم ناو
yacht (m)	qāyeq-e tafrihi	قایق تفریحی
rimorchiatore (m)	yadak keš	یدک کش
chiatta (f)	kešti-ye bārkeše yadaki	کشتی بارکش یدکی
traghetto (m)	kešti-ye farābar	کشتی فرابر
veliero (m)	kešti-ye bādbāni	کشتی بادبانی
brigantino (m)	košti dozdān daryā-yi	کشتی دزدان دریایی
rompighiaccio (m)	kešti-ye yaxšekan	کشتی یخ شکن
sottomarino (m)	zirdaryāyi	زیردریایی
barca (f)	qāyeq	قایق
scialuppa (f)	qāyeq-e tafrihi	قایق تفریحی
scialuppa (f) di salvataggio	qāyeq-e nejāt	قایق نجات
motoscafo (m)	qāyeq-e motori	قایق موتوری
capitano (m)	kāpitān	کاپیتان
marittimo (m)	malavān	ملوان
marinaio (m)	malavān	ملوان
equipaggio (m)	xadame	خدمه
nostromo (m)	sar malavān	سر ملوان
mozzo (m) di nave	šāgerd-e malavān	شاگرد ملوان
cuoco (m)	āšpaz-e kešti	آشپز کشتی
medico (m) di bordo	pezešk-e kešti	پزشک کشتی
ponte (m)	arše-ye kešti	عرشهٔ کشتی
albero (m)	dakal	دکل
vela (f)	bādbān	بادبان
stiva (f)	anbār	انبار
prua (f)	sine-ye kešti	سینه کشتی
poppa (f)	aqab kešti	عقب کشتی
remo (m)	pāru	پارو
elica (f)	parvāne	پروانه
cabina (f)	otāq-e kešti	اتاق کشتی
quadrato (m) degli ufficiali	otāq-e afsarān	اتاق افسران
sala (f) macchine	motor xāne	موتور خانه
ponte (m) di comando	pol-e farmāndehi	پل فرماندهی
cabina (f) radiotelegrafica	kābin-e bisim	کابین بی سیم
onda (f)	mowj	موج
giornale (m) di bordo	roxdād nāme	رخداد نامه
cannocchiale (m)	teleskop	تلسکوپ
campana (f)	nāqus	ناقوس

Italiano	Persiano (traslitterazione)	Persiano
bandiera (f)	parčam	پرچم
cavo (m) (~ d'ormeggio)	tanāb	طناب
nodo (m)	gereh	گره
ringhiera (f)	narde	نرده
passerella (f)	pol	پل
ancora (f)	langar	لنگر
levare l'ancora	langar kešidan	لنگر کشیدن
gettare l'ancora	langar andāxtan	لنگر انداختن
catena (f) dell'ancora	zanjir-e langar	زنجیر لنگر
porto (m)	bandar	بندر
banchina (f)	eskele	اسکله
ormeggiarsi (vr)	pahlu gereftan	پهلو گرفتن
salpare (vi)	tark kardan	ترک کردن
viaggio (m)	mosāferat	مسافرت
crociera (f)	safar-e daryāyi	سفر دریایی
rotta (f)	masir	مسیر
itinerario (m)	masir	مسیر
tratto (m) navigabile	kešti-ye ru	کشتی رو
secca (f)	mahall-e kam omq	محل کم عمق
arenarsi (vr)	be gel nešastan	به گل نشستن
tempesta (f)	tufān	طوفان
segnale (m)	alāmat	علامت
affondare (andare a fondo)	qarq šodan	غرق شدن
Uomo in mare!	kas-i dar hāl-e qarq šodan-ast!	کسی در حال غرق شدن است!
SOS	sos	SOS
salvagente (m) anulare	kamarband-e nejāt	کمربند نجات

108. Aeroporto

Italiano	Persiano (traslitterazione)	Persiano
aeroporto (m)	forudgāh	فرودگاه
aereo (m)	havāpeymā	هواپیما
compagnia (f) aerea	šerkat-e havāpeymāyi	شرکت هواپیمایی
controllore (m) di volo	ma'mur-e kontorol-e terāfik-e havāyi	مأمور کنترل ترافیک هوایی
partenza (f)	azimat	عزیمت
arrivo (m)	vorud	ورود
arrivare (vi)	residan	رسیدن
ora (f) di partenza	zamān-e parvāz	زمان پرواز
ora (f) di arrivo	zamān-e vorud	زمان ورود
essere ritardato	ta'xir kardan	تأخیر کردن
volo (m) ritardato	ta'xir-e parvāz	تأخیر پرواز
tabellone (m) orari	tāblo-ye ettelā'āt	تابلوی اطلاعات
informazione (f)	ettelā'āt	اطلاعات

annunciare (vt)	e'lām kardan	اعلام کردن
volo (m)	parvāz	پرواز
dogana (f)	gomrok	گمرک
doganiere (m)	ma'mur-e gomrok	مأمور گمرک
dichiarazione (f)	ežhār-nāme	اظهارنامه
riempire	por kardan	پر کردن
(~ una dichiarazione)		
riempire una dichiarazione	ezhār-nāme rā por kardan	اظهارنامه را پر کردن
controllo (m) passaporti	kontorol-e gozarnāme	کنترل گذرنامه
bagaglio (m)	bār	بار
bagaglio (m) a mano	bār-e dasti	بار دستی
carrello (m)	čarx-e hamle bar	چرخ حمل بار
atterraggio (m)	forud	فرود
pista (f) di atterraggio	bānd-e forudgāh	باند فرودگاه
atterrare (vi)	nešastan	نشستن
scaletta (f) dell'aereo	pellekān	پلکان
check-in (m)	ček in	چک این
banco (m) del check-in	bāje-ye kontorol	باجه کنترل
fare il check-in	čekin kardan	چکاین کردن
carta (f) d'imbarco	kārt-e parvāz	کارت پرواز
porta (f) d'imbarco	gi-yat xoruj	گیت خروج
transito (m)	terānzit	ترانزیت
aspettare (vt)	montazer budan	منتظر بودن
sala (f) d'attesa	tālār-e entezār	تالار انتظار
accompagnare (vt)	badraqe kardan	بدرقه کردن
congedarsi (vr)	xodāhāfezi kardan	خداحافظی کردن

Situazioni quotidiane

109. Vacanze. Evento

festa (f)	jašn	جشن
festa (f) nazionale	eyd-e melli	عید ملی
festività (f) civile	ruz-e jašn	روز جشن
festeggiare (vt)	jašn gereftan	جشن گرفتن
avvenimento (m)	vāqe'e	واقعه
evento (m) (organizzare un ~)	ruydād	رویداد
banchetto (m)	ziyāfat	ضیافت
ricevimento (m)	ziyāfat	ضیافت
festino (m)	jašn	جشن
anniversario (m)	sālgard	سالگرد
giubileo (m)	sālgard	سالگرد
festeggiare (vt)	jašn gereftan	جشن گرفتن
Capodanno (m)	sāl-e now	سال نو
Buon Anno!	sāl-e now mobārak	سال نو مبارک
Babbo Natale (m)	bābā noel	بابا نوئل
Natale (m)	kerismas	کریسمس
Buon Natale!	kerismas mobārak!	کریسمس مبارک!
Albero (m) di Natale	kāj kerismas	کاج کریسمس
fuochi (m pl) artificiali	ātaš-e bāzi	آتش بازی
nozze (f pl)	arusi	عروسی
sposo (m)	dāmād	داماد
sposa (f)	arus	عروس
invitare (vt)	da'vat kardan	دعوت کردن
invito (m)	da'vatnāme	دعوتنامه
ospite (m)	mehmān	مهمان
andare a trovare	be mehmāni raftan	به مهمانی رفتن
accogliere gli invitati	az mehmānān esteqbāl kardan	از مهمانان استقبال کردن
regalo (m)	hedye	هدیه
offrire (~ un regalo)	hadye dādan	هدیه دادن
ricevere i regali	hediye gereftan	هدیه گرفتن
mazzo (m) di fiori	daste-ye gol	دسته گل
auguri (m pl)	tabrik	تبریک
augurare (vt)	tabrik goftan	تبریک گفتن
cartolina (f)	kārt-e tabrik	کارت تبریک
mandare una cartolina	kārt-e tabrik ferestādan	کارت تبریک فرستادن

ricevere una cartolina	kārt-e tabrik gereftan	کارت تبریک گرفتن
brindisi (m)	be salāmati-ye kas-i nušidan	به سلامتی کسی نوشیدن
offrire (~ qualcosa da bere)	pazirāyi kardan	پذیرایی کردن
champagne (m)	šāmpāyn	شامپاین

divertirsi (vr)	šādi kardan	شادی کردن
allegria (f)	šādi	شادی
gioia (f)	maserrat	مسرت

| danza (f), ballo (m) | raqs | رقص |
| ballare (vi, vt) | raqsidan | رقصیدن |

| valzer (m) | raqs-e vāls | رقص والس |
| tango (m) | raqs tāngo | رقص تانگو |

110. Funerali. Sepoltura

cimitero (m)	qabrestān	قبرستان
tomba (f)	qabr	قبر
croce (f)	salib	صلیب
pietra (f) tombale	sang-e qabr	سنگ قبر
recinto (m)	hesār	حصار
cappella (f)	kelisā-ye kučak	کلیسای کوچک

morte (f)	marg	مرگ
morire (vi)	mordan	مردن
defunto (m)	marhum	مرحوم
lutto (m)	azā	عزا

seppellire (vt)	dafn kardan	دفن کردن
sede (f) di pompe funebri	xadamat-e kafno dafn	خدمات کفن ودفن
funerale (m)	tašyi-'e jenāze	تشییع جنازه

corona (f) di fiori	tāj-e gol	تاج گل
bara (f)	tābut	تابوت
carro (m) funebre	na'š keš	نعش کش
lenzuolo (m) funebre	kafan	کفن

corteo (m) funebre	tašyi-'e jenāze	تشییع جنازه
urna (f) funeraria	zarf-e xākestar-e morde	ظرف خاکستر مرده
crematorio (m)	morde suz xāne	مرده سوز خانه

necrologio (m)	āgahi-ye tarhim	آگهی ترحیم
piangere (vi)	gerye kardan	گریه کردن
singhiozzare (vi)	zār zār gerye kardan	زار زارگریه کردن

111. Guerra. Soldati

plotone (m)	daste	دسته
compagnia (f)	goruhān	گروهان
reggimento (m)	hang	هنگ
esercito (m)	arteš	ارتش

divisione (f)	laškar	لشکر
distaccamento (m)	daste	دسته
armata (f)	laškar	لشکر
soldato (m)	sarbāz	سرباز
ufficiale (m)	afsar	افسر
soldato (m) semplice	sarbāz	سرباز
sergente (m)	goruhbān	گروهبان
tenente (m)	sotvān	ستوان
capitano (m)	kāpitān	کاپیتان
maggiore (m)	sargord	سرگرد
colonnello (m)	sarhang	سرهنگ
generale (m)	ženerāl	ژنرال
marinaio (m)	malavān	ملوان
capitano (m)	kāpitān	کاپیتان
nostromo (m)	sar malavān	سر ملوان
artigliere (m)	tupči	توپچی
paracadutista (m)	sarbāz-e čatrbāz	سرباز چترباز
pilota (m)	xalabān	خلبان
navigatore (m)	nāvbar	ناویر
meccanico (m)	mekānik	مکانیک
geniere (m)	mohandes estehkāmāt	مهندس استحکامات
paracadutista (m)	čatr bāz	چترباز
esploratore (m)	ettelā'āti	اطلاعاتی
cecchino (m)	tak tir andāz	تک تیر انداز
pattuglia (f)	gašt	گشت
pattugliare (vt)	gašt zadan	گشت زدن
sentinella (f)	negahbān	نگهبان
guerriero (m)	jangju	جنگجو
patriota (m)	mihan parast	میهن پرست
eroe (m)	qahremān	قهرمان
eroina (f)	qahremān-e zan	قهرمان زن
traditore (m)	xāen	خائن
tradire (vt)	xiyānat kardan	خیانت کردن
disertore (m)	farāri	فراری
disertare (vi)	farāri budan	فراری بودن
mercenario (m)	mozdur	مزدور
recluta (f)	sarbāz-e jadid	سرباز جدید
volontario (m)	dāvtalab	داوطلب
ucciso (m)	morde	مرده
ferito (m)	zaxmi	زخمی
prigioniero (m) di guerra	asir	اسیر

112. Guerra. Azioni militari. Parte 1

guerra (f)	jang	جنگ
essere in guerra	jangidan	جنگیدن
guerra (f) civile	jang-e dāxeli	جنگ داخلی
perfidamente	xāenāne	خائنانه
dichiarazione (f) di guerra	e'lān-e jang	اعلان جنگ
dichiarare (~ guerra)	e'lān kardan	اعلان کردن
aggressione (f)	tajāvoz	تجاوز
attaccare (vt)	hamle kardan	حمله کردن
invadere (vt)	tajāvoz kardan	تجاوز کردن
invasore (m)	tajāvozgar	تجاوزگر
conquistatore (m)	fāteh	فاتح
difesa (f)	defā'	دفاع
difendere (~ un paese)	defā' kardan	دفاع کردن
difendersi (vr)	az xod defā' kardan	از خود دفاع کردن
nemico (m)	došman	دشمن
avversario (m)	moxālef	مخالف
ostile (agg)	došman	دشمن
strategia (f)	rāhbord	راهبرد
tattica (f)	tāktik	تاکتیک
ordine (m)	farmān	فرمان
comando (m)	dastur	دستور
ordinare (vt)	farmān dādan	فرمان دادن
missione (f)	ma'muriyat	مأموریت
segreto (agg)	mahramāne	محرمانه
battaglia (f)	jang	جنگ
combattimento (m)	nabard	نبرد
attacco (m)	hamle	حمله
assalto (m)	yureš	یورش
assalire (vt)	yureš bordan	یورش بردن
assedio (m)	mohāsere	محاصره
offensiva (f)	hamle	حمله
passare all'offensiva	hamle kardan	حمله کردن
ritirata (f)	aqab nešini	عقب نشینی
ritirarsi (vr)	aqab nešini kardan	عقب نشینی کردن
accerchiamento (m)	mohāsere	محاصره
accerchiare (vt)	mohāsere kardan	محاصره کردن
bombardamento (m)	bombārān-e havāyi	بمباران هوایی
lanciare una bomba	bomb āndaxtan	بمب انداختن
bombardare (vt)	bombārān kardan	بمباران کردن
esplosione (f)	enfejār	انفجار
sparo (m)	tirandāzi	تیراندازی

sparare un colpo	tirandāzi kardan	تیراندازی کردن
sparatoria (f)	tirandāzi	تیراندازی
puntare su ...	nešāne raftan	نشانه رفتن
puntare (~ una pistola)	šhellik kardan	شلیک کردن
colpire (~ il bersaglio)	residan	رسیدن
affondare (mandare a fondo)	qarq šodan	غرق شدن
falla (f)	surāx	سوراخ
affondare (andare a fondo)	qarq šodan	غرق شدن
fronte (m) (~ di guerra)	jebhe	جبهه
evacuazione (f)	taxliye	تخلیه
evacuare (vt)	taxliye kardan	تخلیه کردن
trincea (f)	sangar	سنگر
filo (m) spinato	sim-e xārdār	سیم خاردار
sbarramento (m)	hesār	حصار
torretta (f) di osservazione	borj	برج
ospedale (m) militare	bimārestān-e nezāmi	بیمارستان نظامی
ferire (vt)	majruh kardan	مجروح کردن
ferita (f)	zaxm	زخم
ferito (m)	zaxmi	زخمی
rimanere ferito	zaxmi šodan	زخمی شدن
grave (ferita ~)	zaxm-e saxt	زخم سخت

113. Guerra. Azioni militari. Parte 2

prigionia (f)	esārat	اسارت
fare prigioniero	be esārat gereftan	به اسارت گرفتن
essere prigioniero	dar esārat budan	در اسارت بودن
essere fatto prigioniero	be esārat oftādan	به اسارت افتادن
campo (m) di concentramento	ordugāh-e kār-e ejbāri	اردوگاه کار اجباری
prigioniero (m) di guerra	asir	اسیر
fuggire (vi)	farār kardan	فرار کردن
tradire (vt)	xiyānat kardan	خیانت کردن
traditore (m)	xāen	خائن
tradimento (m)	xiyānat	خیانت
fucilare (vt)	tirbārān kardan	تیرباران کردن
fucilazione (f)	tirbārān	تیرباران
divisa (f) militare	uniform	یونیفرم
spallina (f)	daraje-ye sarduši	درجه سردوشی
maschera (f) antigas	māsk-e zedd-e gāz	ماسک ضد گاز
radiotrasmettitore (m)	dastgāh-e bisim	دستگاه بی سیم
codice (m)	ramz	رمز
complotto (m)	mahramāne budan	محرمانه بودن
parola (f) d'ordine	ramz	رمز
mina (f)	min	مین

minare (~ la strada)	min gozāštan	مین گذاشتن
campo (m) minato	meydān-e min	میدان مین

allarme (m) aereo	āžir-e havāyi	آژیر هوایی
allarme (m)	āžir	آژیر
segnale (m)	alāmat	علامت
razzo (m) di segnalazione	monavvar	منور

quartier (m) generale	setād	ستاد
esplorazione (m)	šenāsāyi	شناسایی
situazione (f)	vaz'iyat	وضعیت
rapporto (m)	gozāreš	گزارش
agguato (m)	kamin	کمین
rinforzo (m)	taqviyat	تقویت

bersaglio (m)	hadaf giri	هدف گیری
terreno (m) di caccia	meydān-e tir	میدان تیر
manovre (f pl)	mānovr	مانور

panico (m)	vahšat	وحشت
devastazione (f)	xarābi	خرابی
distruzione (m)	xarābi-hā	خرابی ها
distruggere (vt)	xarāb kardan	خراب کردن

sopravvivere (vi, vt)	zende māndan	زنده ماندن
disarmare (vt)	xal'-e selāh kardan	خلع سلاح کردن
maneggiare (una pistola, ecc.)	be kār bordan	به کار بردن

Attenti!	xabardār!	خبردار!
Riposo!	āzād!	آزاد!

atto (m) eroico	delāvari	دلاوری
giuramento (m)	sowgand	سوگند
giurare (vi)	sowgand xordan	سوگند خوردن

decorazione (f)	pādāš	پاداش
decorare (qn)	medāl dādan	مدال دادن
medaglia (f)	medāl	مدال
ordine (m) (~ al Merito)	nešān	نشان

vittoria (f)	piruzi	پیروزی
sconfitta (m)	šekast	شکست
armistizio (m)	ātaš bas	آتش بس

bandiera (f)	parčam	پرچم
gloria (f)	eftexār	افتخار
parata (f)	reže	رژه
marciare (in parata)	reže raftan	رژه رفتن

114. Armi

armi (f pl)	selāh	سلاح
arma (f) da fuoco	aslahe-ye garm	اسلحهٔ گرم

Italiano	Traslitterazione	Persiano
arma (f) bianca	aslahe-ye sard	اسلحهٔ سرد
armi (f pl) chimiche	taslihāt-e šimiyāyi	تسلیحات شیمیایی
nucleare (agg)	haste i	هسته ای
armi (f pl) nucleari	taslihāt-e hastei	تسلیحات هسته ای
bomba (f)	bomb	بمب
bomba (f) atomica	bomb-e atomi	بمب اتمی
pistola (f)	kolt	کلت
fucile (m)	tofang	تفنگ
mitra (m)	mosalsal-e xodkār	مسلسل خودکار
mitragliatrice (f)	mosalsal	مسلسل
bocca (f)	sar-e lule-ye tofang	سر لولهٔ تفنگ
canna (f)	lule-ye tofang	لولهٔ تفنگ
calibro (m)	kālibr	کالیبر
grilletto (m)	māše	ماشه
mirino (m)	nešāne ravi	نشانه روی
caricatore (m)	xešāb	خشاب
calcio (m)	qondāq	قنداق
bomba (f) a mano	nārenjak	نارنجک
esplosivo (m)	mādde-ye monfajere	مادهٔ منفجره
pallottola (f)	golule	گلوله
cartuccia (f)	fešang	فشنگ
carica (f)	mohemmāt	مهمات
munizioni (f pl)	mohemmāt	مهمات
bombardiere (m)	bomb-afkan	بمب‌افکن
aereo (m) da caccia	jangande	جنگنده
elicottero (m)	helikopter	هلیکوپتر
cannone (m) antiaereo	tup-e zedd-e havāyi	توپ ضد هوایی
carro (m) armato	tānk	تانک
cannone (m)	tup	توپ
artiglieria (f)	tupxāne	توپخانه
cannone (m)	tofang	تفنگ
mirare a …	šellik kardan	شلیک کردن
proiettile (m)	xompāre	خمپاره
granata (f) da mortaio	xompāre	خمپاره
mortaio (m)	xompāre andāz	خمپاره انداز
scheggia (f)	tarkeš	ترکش
sottomarino (m)	zirdaryāyi	زیردریایی
siluro (m)	eždar	اژدر
missile (m)	mušak	موشک
caricare (~ una pistola)	por kardan	پر کردن
sparare (vi)	tirandāzi kardan	تیراندازی کردن
puntare su …	nešāne raftan	نشانه رفتن
baionetta (f)	sarneyze	سرنیزه
spada (f)	šamšir	شمشیر

sciabola (f)	šamšir	شمشیر
lancia (f)	neyze	نیزه
arco (m)	kamān	کمان
freccia (f)	tir	تیر
moschetto (m)	tofang fetile-i	تفنگ فتیله‌ای
balestra (f)	kamān zanburak-i	کمان زنبورکی

115. Gli antichi

primitivo (agg)	avvaliye	اولیه
preistorico (agg)	piš az tārix	پیش از تاریخ
antico (agg)	qadimi	قدیمی

Età (f) della pietra	asr-e hajar	عصر حجر
Età (f) del bronzo	asr-e mafraq	عصر مفرغ
epoca (f) glaciale	dowre-ye yaxbandān	دورهٔ یخبندان

tribù (f)	qabile	قبیله
cannibale (m)	ādam xār	آدم خوار
cacciatore (m)	šekārči	شکارچی
cacciare (vt)	šekār kardan	شکار کردن
mammut (m)	māmut	ماموت

caverna (f), grotta (f)	qār	غار
fuoco (m)	ātaš	آتش
falò (m)	ātaš	آتش
pittura (f) rupestre	qār negāre	غار نگاره

strumento (m) di lavoro	abzār-e kār	ابزار کار
lancia (f)	neyze	نیزه
ascia (f) di pietra	tabar-e sangi	تبر سنگی
essere in guerra	jangidan	جنگیدن
addomesticare (vt)	rām kardan	رام کردن

| idolo (m) | bot | بت |
| idolatrare (vt) | parastidan | پرستیدن |

| superstizione (f) | xorāfe | خرافه |
| rito (m) | marāsem | مراسم |

| evoluzione (f) | takāmol | تکامل |
| sviluppo (m) | pišraft | پیشرفت |

| estinzione (f) | enqerāz | انقراض |
| adattarsi (vr) | sāzgār šodan | سازگار شدن |

archeologia (f)	bāstān-šenāsi	باستان شناسی
archeologo (m)	bāstān-šenās	باستان شناس
archeologico (agg)	bāstān-šenāsi	باستان شناسی

sito (m) archeologico	mahall-e haffārihā	محل حفاری ها
scavi (m pl)	haffāri-hā	حفاری ها
reperto (m)	yāfteh	یافته
frammento (m)	qet'e	قطعه

116. Il Medio Evo

popolo (m)	mellat	ملت
popoli (m pl)	mellat-hā	ملت ها
tribù (f)	qabile	قبیله
tribù (f pl)	qabāyel	قبایل
barbari (m pl)	barbar-hā	بربر ها
galli (m pl)	gul-hā	گول ها
goti (m pl)	gat-hā	گت ها
slavi (m pl)	eslāv-hā	اسلاو ها
vichinghi (m pl)	vāyking-hā	وایکینگ ها
romani (m pl)	rumi-hā	رومی ها
romano (agg)	rumi	رومی
bizantini (m pl)	bizānsi-hā	بیزانسی ها
Bisanzio (m)	bizāns	بیزانس
bizantino (agg)	bizānsi	بیزانسی
imperatore (m)	emperātur	امپراطور
capo (m)	rahbar	رهبر
potente (un re ~)	moqtader	مقتدر
re (m)	šāh	شاه
governante (m) (sovrano)	hākem	حاکم
cavaliere (m)	šovālie	شوالیه
feudatario (m)	feodāl	فئودال
feudale (agg)	feodāli	فئودالی
vassallo (m)	ra'yat	رعیت
duca (m)	duk	دوک
conte (m)	kont	کنت
barone (m)	bāron	بارون
vescovo (m)	osqof	اسقف
armatura (f)	zereh	زره
scudo (m)	separ	سپر
spada (f)	šamšir	شمشیر
visiera (f)	labe-ye kolāh	لبه کلاه
cotta (f) di maglia	jowšan	جوشن
crociata (f)	jang-e salibi	جنگ صلیبی
crociato (m)	jangju-ye salibi	جنگجوی صلیبی
territorio (m)	qalamrow	قلمرو
attaccare (vt)	hamle kardan	حمله کردن
conquistare (vt)	fath kardan	فتح کردن
occupare (invadere)	ešqāl kardan	اشغال کردن
assedio (m)	mohāsere	محاصره
assediato (agg)	mahsur	محصور
assediare (vt)	mohāsere kardan	محاصره کردن
inquisizione (f)	taftiš-e aqāyed	تفتیش عقاید
inquisitore (m)	mofatteš	مفتش

tortura (f)	šekanje	شکنجه
crudele (agg)	bi rahm	بی رحم
eretico (m)	molhed	ملحد
eresia (f)	ertedād	ارتداد

navigazione (f)	daryānavardi	دریانوردی
pirata (m)	dozd-e daryāyi	دزد دریایی
pirateria (f)	dozdi-ye daryāyi	دزدی دریایی
arrembaggio (m)	hamle ruye arše	حمله روی عرشه
bottino (m)	qanimat	غنیمت
tesori (m)	ganj	گنج

scoperta (f)	kašf	کشف
scoprire (~ nuove terre)	kašf kardan	کشف کردن
spedizione (f)	safar	سفر

moschettiere (m)	tofangdār	تفنگدار
cardinale (m)	kārdināl	کاردینال
araldica (f)	nešān-šenāsi	نشان شناسی
araldico (agg)	manquš	منقوش

117. Leader. Capo. Le autorità

re (m)	šāh	شاه
regina (f)	maleke	ملکه
reale (agg)	šāhi	شاهی
regno (m)	pādšāhi	پادشاهی

principe (m)	šāhzāde	شاهزاده
principessa (f)	pranses	پرنسس

presidente (m)	ra'is jomhur	رئیس جمهور
vicepresidente (m)	mo'āven-e rais-e jomhur	معاون رئیس جمهور
senatore (m)	senātor	سناتور

monarca (m)	pādšāh	پادشاه
governante (m) (sovrano)	hākem	حاکم
dittatore (m)	diktātor	دیکتاتور
tiranno (m)	zālem	ظالم
magnate (m)	najib zāde	نجیب زاده

direttore (m)	modir	مدیر
capo (m)	ra'is	رئیس
dirigente (m)	modir	مدیر
capo (m)	ra'is	رئیس
proprietario (m)	sāheb	صاحب

leader (m)	rahbar	رهبر
capo (m) (~ delegazione)	ra'is	رئیس
autorità (f pl)	maqāmāt	مقامات
superiori (m pl)	roasā	رؤسا

governatore (m)	farmāndār	فرماندار
console (m)	konsul	کنسول

diplomatico (m)	diplomāt	دیپلمات
sindaco (m)	šahrdār	شهردار
sceriffo (m)	kalāntar	کلانتر
imperatore (m)	emperātur	امپراطور
zar (m)	tezār	تزار
faraone (m)	fer'own	فرعون
khan (m)	xān	خان

118. Infrangere la legge. Criminali. Parte 1

bandito (m)	rāhzan	راهزن
delitto (m)	jenāyat	جنایت
criminale (m)	jenāyatkār	جنایتکار
ladro (m)	dozd	دزد
rubare (vi, vt)	dozdidan	دزدیدن
ruberia (f)	dozdi	دزدی
reato (m) di furto	serqat	سرقت
rapire (vt)	ādam robudan	آدم ربودن
rapimento (m)	ādam robāyi	آدم ربایی
rapitore (m)	ādam robā	آدم ربا
riscatto (m)	bāj	باج
chiedere il riscatto	bāj xāstan	باج خواستن
rapinare (vt)	serqat kardan	سرقت کردن
rapina (f)	serqat	سرقت
rapinatore (m)	qāratgar	غارتگر
estorcere (vt)	axxāzi kardan	اخاذی کردن
estorsore (m)	axxāz	اخاذ
estorsione (f)	axxāzi	اخاذی
uccidere (vt)	koštan	کشتن
assassinio (m)	qatl	قتل
assassino (m)	qātel	قاتل
sparo (m)	tirandāzi	تیراندازی
tirare un colpo	tirandāzi kardan	تیراندازی کردن
abbattere (con armi da fuoco)	bā tir zadan	با تیر زدن
sparare (vi)	tirandāzi kardan	تیراندازی کردن
sparatoria (f)	tirandāzi	تیراندازی
incidente (m) (rissa, ecc.)	vāqe'e	واقعه
rissa (f)	zad-o xord	زد و خورد
Aiuto!	komak!	کمک!
vittima (f)	qorbāni	قربانی
danneggiare (vt)	xesārat resāndan	خسارت رساندن
danno (m)	xesārat	خسارت
cadavere (m)	jasad	جسد
grave (reato ~)	vaxim	وخیم

aggredire (vt)	hamle kardan	حمله کردن
picchiare (vt)	zadan	زدن
malmenare (picchiare)	kotak zadan	کتک زدن
sottrarre (vt)	bezur gereftan	به زور گرفتن
accoltellare a morte	čāqu zadan	چاقو زدن
mutilare (vt)	ma'yub kardan	معیوب کردن
ferire (vt)	majruh kardan	مجروح کردن
ricatto (m)	šāntāž	شانتاژ
ricattare (vt)	axxāzi kardan	اخاذی کردن
ricattatore (m)	axxāz	اخاذ
estorsione (f)	axxāzi	اخاذی
estortore (m)	axxāz	اخاذ
gangster (m)	gāngester	گانگستر
mafia (f)	māfiyā	مافیا
borseggiatore (m)	jib bor	جیب بر
scassinatore (m)	sāreq	سارق
contrabbando (m)	qāčāq	قاچاق
contrabbandiere (m)	qāčāqči	قاچاقچی
falsificazione (f)	qollābi	قلابی
falsificare (vt)	ja'l kardan	جعل کردن
falso, falsificato (agg)	ja'li	جعلی

119. Infrangere la legge. Criminali. Parte 2

stupro (m)	tajāvoz be nāmus	تجاوز به ناموس
stuprare (vt)	tajāvoz kardan	تجاوز کردن
stupratore (m)	zenā konande	زنا کننده
maniaco (m)	majnun	مجنون
prostituta (f)	fāheše	فاحشه
prostituzione (f)	fāhešegi	فاحشگی
magnaccia (m)	jākeš	جاکش
drogato (m)	mo'tād	معتاد
trafficante (m) di droga	forušande-ye mavādd-e moxadder	فروشندۀ مواد مخدر
far esplodere	monfajer kardan	منفجر کردن
esplosione (f)	enfejār	انفجار
incendiare (vt)	ātaš zadan	آتش زدن
incendiario (m)	ātaš afruz	آتش افروز
terrorismo (m)	terorism	تروریسم
terrorista (m)	terorist	تروریست
ostaggio (m)	gerowgān	گروگان
imbrogliare (vt)	farib dādan	فریب دادن
imbroglio (m)	farib	فریب
imbroglione (m)	hoqqe bāz	حقه باز
corrompere (vt)	rešve dādan	رشوه دادن

corruzione (f)	rešve	رشوه
bustarella (f)	rešve	رشوه
veleno (m)	zahr	زهر
avvelenare (vt)	masmum kardan	مسموم کردن
avvelenarsi (vr)	masmum šodan	مسموم شدن
suicidio (m)	xod-koši	خودکشی
suicida (m)	xod-koši konande	خودکشی کننده
minacciare (vt)	tahdid kardan	تهدید کردن
minaccia (f)	tahdid	تهدید
attentare (vi)	su'-e qasd kardan	سوء قصد کردن
attentato (m)	su'-e qasd	سوء قصد
rubare (~ una macchina)	robudan	ربودن
dirottare (~ un aereo)	havāpeymā robāyi	هواپیما ربایی
vendetta (f)	enteqām	انتقام
vendicare (vt)	enteqām gereftan	انتقام گرفتن
torturare (vt)	šekanje dādan	شکنجه دادن
tortura (f)	šekanje	شکنجه
maltrattare (vt)	aziyat kardan	اذیت کردن
pirata (m)	dozd-e daryāyi	دزد دریایی
teppista (m)	owbāš	اوباش
armato (agg)	mosallah	مسلح
violenza (f)	xošunat	خشونت
illegale (agg)	qeyr-e qānuni	غیر قانونی
spionaggio (m)	jāsusi	جاسوسی
spiare (vi)	jāsusi kardan	جاسوسی کردن

120. Polizia. Legge. Parte 1

giustizia (f)	edālat	عدالت
tribunale (m)	dādgāh	دادگاه
giudice (m)	qāzi	قاضی
giurati (m)	hey'at-e monsefe	هیئت منصفه
processo (m) con giuria	hey'at-e monsefe	هیئت منصفه
giudicare (vt)	mohākeme kardan	محاکمه کردن
avvocato (m)	vakil	وکیل
imputato (m)	mottaham	متهم
banco (m) degli imputati	jāygāh-e mottaham	جایگاه متهم
accusa (f)	ettehām	اتهام
accusato (m)	mottaham	متهم
condanna (f)	hokm	حکم
condannare (vt)	mahkum kardan	محکوم کردن
colpevole (m)	moqasser	مقصر

punire (vt)	mojāzāt kardan	مجازات کردن
punizione (f)	mojāzāt	مجازات
multa (f), ammenda (f)	jarime	جریمه
ergastolo (m)	habs-e abad	حبس ابد
pena (f) di morte	e'dām	اعدام
sedia (f) elettrica	sandali-ye barqi	صندلی برقی
impiccagione (f)	čube-ye dār	چوبه دار
giustiziare (vt)	e'dām kardan	اعدام کردن
esecuzione (f)	e'dām	اعدام
prigione (f)	zendān	زندان
cella (f)	sellul-e zendān	سلول زندان
scorta (f)	eskort	اسکورت
guardia (f) carceraria	negahbān zendān	نگهبان زندان
prigioniero (m)	zendāni	زندانی
manette (f pl)	dastband	دستبند
mettere le manette	dastband zadan	دستبند زدن
fuga (f)	farār	فرار
fuggire (vi)	farār kardan	فرار کردن
scomparire (vi)	nāpadid šodan	ناپدید شدن
liberare (vt)	āzād kardan	آزاد کردن
amnistia (f)	afv-e omumi	عفو عمومی
polizia (f)	polis	پلیس
poliziotto (m)	polis	پلیس
commissariato (m)	kalāntari	کلانتری
manganello (m)	bātum	باتوم
altoparlante (m)	bolandgu	بلندگو
macchina (f) di pattuglia	māšin-e gašt	ماشین گشت
sirena (f)	āžir-e xatar	آژیر خطر
mettere la sirena	āžir rā rowšan kardan	آژیررا روشن کردن
suono (m) della sirena	sedā-ye āžir	صدای آژیر
luogo (m) del crimine	mahall-e jenāyat	محل جنایت
testimone (m)	šāhed	شاهد
libertà (f)	āzādi	آزادی
complice (m)	hamdast	همدست
fuggire (vi)	maxfi šodan	مخفی شدن
traccia (f)	rad	رد

121. Polizia. Legge. Parte 2

ricerca (f) (~ di un criminale)	jostoju	جستجو
cercare (vt)	jostoju kardan	جستجو کردن
sospetto (m)	šok	شک
sospetto (agg)	maškuk	مشکوک
fermare (vt)	motevaghef kardan	متوقف کردن
arrestare (qn)	dastgir kardan	دستگیر کردن

causa (f)	parvande	پرونده
inchiesta (f)	tahqiq	تحقیق
detective (m)	kārāgāh	کارآگاه
investigatore (m)	bāzpors	بازپرس
versione (f)	farziye	فرضیه
movente (m)	angize	انگیزه
interrogatorio (m)	bāzporsi	بازپرسی
interrogare (sospetto)	bāzporsi kardan	بازپرسی کردن
interrogare (vicini)	estentāq kardan	استنطاق کردن
controllo (m) (~ di polizia)	taftiš	تفتیش
retata (f)	mohāsere	محاصره
perquisizione (f)	taftiš	تفتیش
inseguimento (m)	ta'qib	تعقیب
inseguire (vt)	ta'qib kardan	تعقیب کردن
essere sulle tracce	donbāl kardan	دنبال کردن
arresto (m)	bāzdāšt	بازداشت
arrestare (qn)	bāzdāšt kardan	بازداشت کردن
catturare (~ un ladro)	dastgir kardan	دستگیر کردن
cattura (f)	dastgiri	دستگیری
documento (m)	sanad	سند
prova (f), reperto (m)	esbāt	اثبات
provare (vt)	esbāt kardan	اثبات کردن
impronta (f) del piede	rad-e pā	رد پا
impronte (f pl) digitali	asar-e angošt	اثر انگشت
elemento (m) di prova	šavāhed	شواهد
alibi (m)	ozr-e qeybat	عذر غیبت
innocente (agg)	bi gonāh	بی گناه
ingiustizia (f)	bi edālati	بی عدالتی
ingiusto (agg)	qeyr-e ādelāne	غیر عادلانه
criminale (agg)	jenāyi	جنایی
confiscare (vt)	mosādere kardan	مصادره کردن
droga (f)	mavādd-e moxadder	مواد مخدر
armi (f pl)	selāh	سلاح
disarmare (vt)	xal'-e selāh kardan	خلع سلاح کردن
ordinare (vt)	farmān dādan	فرمان دادن
sparire (vi)	nāpadid šodan	ناپدید شدن
legge (f)	qānun	قانون
legale (agg)	qānuni	قانونی
illegale (agg)	qeyr-e qānuni	غیر قانونی
responsabilità (f)	mas'uliyat	مسئولیت
responsabile (agg)	mas'ul	مسئول

LA NATURA

La Terra. Parte 1

122. L'Universo

cosmo (m)	fazā	فضا
cosmico, spaziale (agg)	fazāyi	فضایی
spazio (m) cosmico	fazā-ye keyhān	فضای کیهان
mondo (m)	jahān	جهان
universo (m)	giti	گیتی
galassia (f)	kahkešān	کهکشان
stella (f)	setāre	ستاره
costellazione (f)	surat-e falaki	صورت فلکی
pianeta (m)	sayyāre	سیاره
satellite (m)	māhvāre	ماهواره
meteorite (m)	sang-e āsmāni	سنگ آسمانی
cometa (f)	setāre-ye donbāle dār	ستارۀ دنباله دار
asteroide (m)	šahāb	شهاب
orbita (f)	madār	مدار
ruotare (vi)	gardidan	گردیدن
atmosfera (f)	jav	جو
il Sole	āftāb	آفتاب
sistema (m) solare	manzume-ye šamsi	منظومه شمسی
eclisse (f) solare	kosuf	کسوف
la Terra	zamin	زمین
la Luna	māh	ماه
Marte (m)	merrix	مریخ
Venere (f)	zahre	زهره
Giove (m)	moštari	مشتری
Saturno (m)	zohal	زحل
Mercurio (m)	atārod	عطارد
Urano (m)	orānus	اورانوس
Nettuno (m)	nepton	نپتون
Plutone (m)	poloton	پلوتون
Via (f) Lattea	kahkešān rāh-e širi	کهکشان راه شیری
Orsa (f) Maggiore	dobb-e akbar	دب اکبر
Stella (f) Polare	setāre-ye qotbi	ستاره قطبی
marziano (m)	merrixi	مریخی
extraterrestre (m)	farā zamini	فرا زمینی

alieno (m)	mowjud fazāyi	موجود فضایی
disco (m) volante	bošqāb-e parande	بشقاب پرنده
nave (f) spaziale	fazā peymā	فضا پیما
stazione (f) spaziale	istgāh-e fazāyi	ایستگاه فضایی
lancio (m)	rāh andāzi	راه اندازی
motore (m)	motor	موتور
ugello (m)	nāzel	نازل
combustibile (m)	suxt	سوخت
cabina (f) di pilotaggio	kābin	کابین
antenna (f)	ānten	آنتن
oblò (m)	panjere	پنجره
batteria (f) solare	bātri-ye xoršidi	باطری خورشیدی
scafandro (m)	lebās-e fazānavardi	لباس فضانوردی
imponderabilità (f)	bi vazni	بی وزنی
ossigeno (m)	oksižen	اکسیژن
aggancio (m)	vasl	وصل
agganciarsi (vr)	vasl kardan	وصل کردن
osservatorio (m)	rasadxāne	رصدخانه
telescopio (m)	teleskop	تلسکوپ
osservare (vt)	mošāhede kardan	مشاهده کردن
esplorare (vt)	kašf kardan	کشف کردن

123. La Terra

la Terra	zamin	زمین
globo (m) terrestre	kare-ye zamin	کرۀ زمین
pianeta (m)	sayyāre	سیاره
atmosfera (f)	jav	جو
geografia (f)	joqrāfiyā	جغرافیا
natura (f)	tabi'at	طبیعت
mappamondo (m)	kare-ye joqrāfiyāyi	کرۀ جغرافیایی
carta (f) geografica	naqše	نقشه
atlante (m)	atlas	اطلس
Europa (f)	orupā	اروپا
Asia (f)	āsiyā	آسیا
Africa (f)	āfriqā	آفریقا
Australia (f)	ostorāliyā	استرالیا
America (f)	emrikā	امریکا
America (f) del Nord	emrikā-ye šomāli	امریکای شمالی
America (f) del Sud	emrikā-ye jonubi	امریکای جنوبی
Antartide (f)	qotb-e jonub	قطب جنوب
Artico (m)	qotb-e šomāl	قطب شمال

124. Punti cardinali

nord (m)	šomāl	شمال
a nord	be šomāl	به شمال
al nord	dar šomāl	در شمال
del nord (agg)	šomāli	شمالی
sud (m)	jonub	جنوب
a sud	be jonub	به جنوب
al sud	dar jonub	در جنوب
del sud (agg)	jonubi	جنوبی
ovest (m)	qarb	غرب
a ovest	be qarb	به غرب
all'ovest	dar qarb	در غرب
dell'ovest, occidentale	qarbi	غربی
est (m)	šarq	شرق
a est	be šarq	به شرق
all'est	dar šarq	در شرق
dell'est, orientale	šarqi	شرقی

125. Mare. Oceano

mare (m)	daryā	دریا
oceano (m)	oqyānus	اقیانوس
golfo (m)	xalij	خلیج
stretto (m)	tange	تنگه
terra (f) (terra firma)	zamin	زمین
continente (m)	qāre	قاره
isola (f)	jazire	جزیره
penisola (f)	šeb-e jazire	شبه جزیره
arcipelago (m)	majma'-ol-jazāyer	مجمع‌الجزایر
baia (f)	xalij-e kučak	خلیج کوچک
porto (m)	langargāh	لنگرگاه
laguna (f)	mordāb	مرداب
capo (m)	damāqe	دماغه
atollo (m)	jazire-ye marjāni	جزیره مرجانی
scogliera (f)	tappe-ye daryāyi	تپه دریایی
corallo (m)	marjān	مرجان
barriera (f) corallina	tappe-ye marjāni	تپه مرجانی
profondo (agg)	amiq	عمیق
profondità (f)	omq	عمق
abisso (m)	partgāh	پرتگاه
fossa (f) (~ delle Marianne)	derāz godāl	درازگودال
corrente (f)	jaryān	جریان
circondare (vt)	ehāte kardan	احاطه کردن

litorale (m)	sāhel	ساحل
costa (f)	sāhel	ساحل
alta marea (f)	mod	مد
bassa marea (f)	jazr	جزر
banco (m) di sabbia	sāhel-e šeni	ساحل شنی
fondo (m)	qa'r	قعر
onda (f)	mowj	موج
cresta (f) dell'onda	nok	نوک
schiuma (f)	kaf	کف
tempesta (f)	tufān-e daryāyi	طوفان دریایی
uragano (m)	tufān	طوفان
tsunami (m)	sonāmi	سونامی
bonaccia (f)	sokun-e daryā	سکون دریا
tranquillo (agg)	ārām	آرام
polo (m)	qotb	قطب
polare (agg)	qotbi	قطبی
latitudine (f)	arz-e joqrāfiyāyi	عرض جغرافیایی
longitudine (f)	tul-e joqrāfiyāyi	طول جغرافیایی
parallelo (m)	movāzi	موازی
equatore (m)	xatt-e ostavā	خط استوا
cielo (m)	āsemān	آسمان
orizzonte (m)	ofoq	افق
aria (f)	havā	هوا
faro (m)	fānus-e daryāyi	فانوس دریایی
tuffarsi (vr)	širje raftan	شیرجه رفتن
affondare (andare a fondo)	qarq šodan	غرق شدن
tesori (m)	ganj	گنج

126. Nomi dei mari e degli oceani

Oceano (m) Atlantico	oqyānus-e atlas	اقیانوس اطلس
Oceano (m) Indiano	oqyānus-e hend	اقیانوس هند
Oceano (m) Pacifico	oqyānus-e ārām	اقیانوس آرام
mar (m) Glaciale Artico	oqyānus-e monjamed-e šomāli	اقیانوس منجمد شمالی
mar (m) Nero	daryā-ye siyāh	دریای سیاه
mar (m) Rosso	daryā-ye sorx	دریای سرخ
mar (m) Giallo	daryā-ye zard	دریای زرد
mar (m) Bianco	daryā-ye sefid	دریای سفید
mar (m) Caspio	daryā-ye xazar	دریای خزر
mar (m) Morto	daryā-ye morde	دریای مرده
mar (m) Mediterraneo	daryā-ye meditarāne	دریای مدیترانه
mar (m) Egeo	daryā-ye eže	دریای اژه
mar (m) Adriatico	daryā-ye ādriyātik	دریای آدریاتیک

mar (m) Arabico	daryā-ye arab	دریای عرب
mar (m) del Giappone	daryā-ye žāpon	دریای ژاپن
mare (m) di Bering	daryā-ye brinq	دریای برینگ
mar (m) Cinese meridionale	daryā-ye čin-e jonubi	دریای چین جنوبی
mar (m) dei Coralli	daryā-ye marjān	دریای مرجان
mar (m) di Tasman	daryā-ye tās-emān	دریای تاسمان
mar (m) dei Caraibi	daryā-ye kārāib	دریای کارائیب
mare (m) di Barents	daryā-ye barntz	دریای بارنتز
mare (m) di Kara	daryā-ye kārā	دریای کارا
mare (m) del Nord	daryā-ye šomāl	دریای شمال
mar (m) Baltico	daryā-ye bāltik	دریای بالتیک
mare (m) di Norvegia	daryā-ye norvež	دریای نروژ

127. Montagne

monte (m), montagna (f)	kuh	کوه
catena (f) montuosa	rešte-ye kuh	رشته کوه
crinale (m)	selsele-ye jebāl	سلسله جبال
cima (f)	qolle	قله
picco (m)	qolle	قله
piedi (m pl)	dāmane-ye kuh	دامنهٔ کوه
pendio (m)	šib	شیب
vulcano (m)	ātaš-fešān	آتشفشان
vulcano (m) attivo	ātaš-fešān-e faʿāl	آتش فشان فعال
vulcano (m) inattivo	ātaš-fešān-e xāmuš	آتش فشان خاموش
eruzione (f)	favarān	فوران
cratere (m)	dahāne-ye ātašfešān	دهانهٔ آتش فشان
magma (m)	māgmā	ماگما
lava (f)	godāze	گدازه
fuso (lava ~a)	godāxte	گداخته
canyon (m)	tange	تنگ
gola (f)	darre-ye tang	دره تنگ
crepaccio (m)	tange	تنگ
precipizio (m)	partgāh	پرتگاه
passo (m), valico (m)	gozargāh	گذرگاه
altopiano (m)	falāt	فلات
falesia (f)	saxre	صخره
collina (f)	tappe	تپه
ghiacciaio (m)	yaxčāl	یخچال
cascata (f)	ābšār	آبشار
geyser (m)	češme-ye āb-e garm	چشمهٔ آب گرم
lago (m)	daryāče	دریاچه
pianura (f)	jolge	جلگه
paesaggio (m)	manzare	منظره

eco (f)	en'ekās-e sowt	انعکاس صوت
alpinista (m)	kuhnavard	کوهنورد
scalatore (m)	saxre-ye navard	صخره نورد
conquistare (~ una cima)	fath kardan	فتح کردن
scalata (f)	so'ud	صعود

128. Nomi delle montagne

Alpi (f pl)	ālp	آلپ
Monte (m) Bianco	moan belān	مون بلان
Pirenei (m pl)	pirene	پیرنه
Carpazi (m pl)	kuhhā-ye kārpāt	کوههای کارپات
gli Urali (m pl)	kuhe-i orāl	کوههای اورال
Caucaso (m)	qafqāz	قفقاز
Monte (m) Elbrus	alborz	البرز
Monti (m pl) Altai	āltāy	آلتای
Tien Shan (m)	tiyān šān	تیان شان
Pamir (m)	pāmir	پامیر
Himalaia (m)	himāliyā-vo	هیمالیا
Everest (m)	everest	اورست
Ande (f pl)	ānd	آند
Kilimangiaro (m)	kelimānjāro	کلیمانجارو

129. Fiumi

fiume (m)	rudxāne	رودخانه
fonte (f) (sorgente)	češme	چشمه
letto (m) (~ del fiume)	bastar	بستر
bacino (m)	howze	حوضه
sfociare nel ...	rixtan	ریختن
affluente (m)	enše'āb	انشعاب
riva (f)	sāhel	ساحل
corrente (f)	jaryān	جریان
a valle	be samt-e pāin-e rudxāne	به سمت پائین رودخانه
a monte	be samt-e bālā-ye rudxāne	به سمت بالای رودخانه
inondazione (f)	seyl	سیل
piena (f)	toqyān	طغیان
straripare (vi)	toqyān kardan	طغیان کردن
inondare (vt)	toqyān kardan	طغیان کردن
secca (f)	tangāb	تنگاب
rapida (f)	tondāb	تندآب
diga (f)	sad	سد
canale (m)	kānāl	کانال
bacino (m) di riserva	maxzan-e āb	مخزن آب

chiusa (f)	ābgir	آبگیر
specchio (m) d'acqua	maxzan-e āb	مخزن آب
palude (f)	bātlāq	باتلاق
pantano (m)	lajan zār	لجن زار
vortice (m)	gerdāb	گرداب
ruscello (m)	ravad	رود
potabile (agg)	āšāmidani	آشامیدنی
dolce (di acqua ~)	širin	شیرین
ghiaccio (m)	yax	یخ
ghiacciarsi (vr)	yax bastan	یخ بستن

130. Nomi dei fiumi

Senna (f)	sen	سن
Loira (f)	lavār	لوآر
Tamigi (m)	timz	تیمز
Reno (m)	rāyn	راین
Danubio (m)	dānub	دانوب
Volga (m)	volgā	ولگا
Don (m)	don	دن
Lena (f)	lenā	لنا
Fiume (m) Giallo	rud-e zard	رود زرد
Fiume (m) Azzurro	yāng tese	یانگ تسه
Mekong (m)	mekung	مکونگ
Gange (m)	gong	گنگ
Nilo (m)	neyl	نیل
Congo (m)	kongo	کنگو
Okavango	okavango	اوکاوانگو
Zambesi (m)	zāmbezi	زامبزی
Limpopo (m)	rud-e limpupu	رود لیمپوپو
Mississippi (m)	mi si si pi	می سی سی پی

131. Foresta

foresta (f)	jangal	جنگل
forestale (agg)	jangali	جنگلی
foresta (f) fitta	jangal-e anbuh	جنگل انبوه
boschetto (m)	biše	بیشه
radura (f)	marqzār	مرغزار
roveto (m)	biše-hā	بیشه ها
boscaglia (f)	bute zār	بوته زار
sentiero (m)	kure-ye rāh	کوره راه
calanco (m)	darre	دره

albero (m)	deraxt	درخت
foglia (f)	barg	برگ
fogliame (m)	šāx-o barg	شاخ و برگ
caduta (f) delle foglie	barg rizi	برگ ریزی
cadere (vi)	rixtan	ریختن
cima (f)	nok	نوک
ramo (m), ramoscello (m)	šāxe	شاخه
ramo (m)	šāxe	شاخه
gemma (f)	šokufe	شکوفه
ago (m)	suzan	سوزن
pigna (f)	maxrut-e kāj	مخروط کاج
cavità (f)	surāx	سوراخ
nido (m)	lāne	لانه
tana (f) (del fox, ecc.)	lāne	لانه
tronco (m)	tane	تنه
radice (f)	riše	ریشه
corteccia (f)	pust	پوست
musco (m)	xaze	خزه
sradicare (vt)	rišekan kardan	ریشه کن کردن
abbattere (~ un albero)	boridan	بریدن
disboscare (vt)	boridan	بریدن
ceppo (m)	kande-ye deraxt	کندۀ درخت
falò (m)	ātaš	آتش
incendio (m) boschivo	ātaš suzi	آتش سوزی
spegnere (vt)	xāmuš kardan	خاموش کردن
guardia (f) forestale	jangal bān	جنگل بان
protezione (f)	mohāfezat	محافظت
proteggere (~ la natura)	mohāfezat kardan	محافظت کردن
bracconiere (m)	šekārči-ye qeyr-e qānuni	شکارچی غیر قانونی
tagliola (f) (~ per orsi)	tale	تله
raccogliere (vt)	čidan	چیدن
perdersi (vr)	gom šodan	گم شدن

132. Risorse naturali

risorse (f pl) naturali	manābe-'e tabii	منابع طبیعی
minerali (m pl)	mavādd-e ma'dani	مواد معدنی
deposito (m) (~ di carbone)	tah nešast	ته نشست
giacimento (m) (~ petrolifero)	meydān	میدان
estrarre (vt)	estexrāj kardan	استخراج کردن
estrazione (f)	estexrāj	استخراج
minerale (m) grezzo	sang-e ma'dani	سنگ معدنی
miniera (f)	ma'dan	معدن
pozzo (m) di miniera	ma'dan	معدن
minatore (m)	ma'danči	معدنچی

gas (m)	gāz	گاز
gasdotto (m)	lule-ye gāz	لولهٔ گاز
petrolio (m)	naft	نفت
oleodotto (m)	lule-ye naft	لولهٔ نفت
torre (f) di estrazione	čāh-e naft	چاه نفت
torre (f) di trivellazione	dakal-e haffāri	دکل حفاری
petroliera (f)	tānker	تانکر
sabbia (f)	šen	شن
calcare (m)	sang-e āhak	سنگ آهک
ghiaia (f)	sangrize	سنگریزه
torba (f)	turb	تورب
argilla (f)	xāk-e ros	خاک رس
carbone (m)	zoqāl sang	زغال سنگ
ferro (m)	āhan	آهن
oro (m)	talā	طلا
argento (m)	noqre	نقره
nichel (m)	nikel	نیکل
rame (m)	mes	مس
zinco (m)	ruy	روی
manganese (m)	mangenez	منگنز
mercurio (m)	jive	جیوه
piombo (m)	sorb	سرب
minerale (m)	mādde-ye ma'dani	مادهٔ معدنی
cristallo (m)	bolur	بلور
marmo (m)	marmar	مرمر
uranio (m)	orāniyom	اورانیوم

La Terra. Parte 2

133. Tempo

Italiano	Traslitterazione	Persiano
tempo (m)	havā	هوا
previsione (f) del tempo	piš bini havā	پیش بینی هوا
temperatura (f)	damā	دما
termometro (m)	damāsanj	دماسنج
barometro (m)	havāsanj	هواسنج
umido (agg)	martub	مرطوب
umidità (f)	rotubat	رطوبت
caldo (m), afa (f)	garmā	گرما
molto caldo (agg)	dāq	داغ
fa molto caldo	havā xeyli garm ast	هوا خیلی گرم است
fa caldo	havā garm ast	هوا گرم است
caldo, mite (agg)	garm	گرم
fa freddo	sard ast	سرد است
freddo (agg)	sard	سرد
sole (m)	āftāb	آفتاب
splendere (vi)	tābidan	تابیدن
di sole (una giornata ~)	āftābi	آفتابی
sorgere, levarsi (vr)	tolu' kardan	طلوع کردن
tramontare (vi)	qorob kardan	غروب کردن
nuvola (f)	abr	ابر
nuvoloso (agg)	abri	ابری
nube (f) di pioggia	abr-e bārānzā	ابر باران زا
nuvoloso (agg)	tire	تیره
pioggia (f)	bārān	باران
piove	bārān mibārad	باران می بارد
piovoso (agg)	bārāni	بارانی
piovigginare (vi)	nam-nam bāridan	نم نم باریدن
pioggia (f) torrenziale	bārān šodid	باران شدید
acquazzone (m)	ragbār	رگبار
forte (una ~ pioggia)	šadid	شدید
pozzanghera (f)	čāle	چاله
bagnarsi (~ sotto la pioggia)	xis šodan	خیس شدن
foschia (f), nebbia (f)	meh	مه
nebbioso (agg)	meh ālud	مه آلود
neve (f)	barf	برف
nevica	barf mibārad	برف می بارد

134. Rigide condizioni metereologiche. Disastri naturali

temporale (m)	tufān	طوفان
fulmine (f)	barq	برق
lampeggiare (vi)	barq zadan	برق زدن
tuono (m)	ra'd	رعد
tuonare (vi)	qorridan	غریدن
tuona	ra'd mizanad	رعد می زند
grandine (f)	tagarg	تگرگ
grandina	tagarg mibārad	تگرگ می بارد
inondare (vt)	toqyān kardan	طغیان کردن
inondazione (f)	seyl	سیل
terremoto (m)	zamin-larze	زمین لرزه
scossa (f)	tekān	تکان
epicentro (m)	kānun-e zaminlarze	کانون زمین لرزه
eruzione (f)	favarān	فوران
lava (f)	godāze	گدازه
tromba (f), tornado (m)	gerdbād	گردباد
tifone (m)	tufān	طوفان
uragano (m)	tufān	طوفان
tempesta (f)	tufān	طوفان
tsunami (m)	sonāmi	سونامی
ciclone (m)	gerdbād	گردباد
maltempo (m)	havā-ye bad	هوای بد
incendio (m)	ātaš suzi	آتش سوزی
disastro (m)	balā-ye tabi'i	بلای طبیعی
meteorite (m)	sang-e āsmāni	سنگ آسمانی
valanga (f)	bahman	بهمن
slavina (f)	bahman	بهمن
tempesta (f) di neve	kulāk	کولاک
bufera (f) di neve	barf-o burān	برف و بوران

Fauna

135. Mammiferi. Predatori

predatore (m)	heyvān-e darande	حیوان درنده
tigre (f)	bebar	ببر
leone (m)	šir	شیر
lupo (m)	gorg	گرگ
volpe (m)	rubāh	روباه
giaguaro (m)	jagvār	جگوار
leopardo (m)	palang	پلنگ
ghepardo (m)	yuzpalang	یوزپلنگ
pantera (f)	palang-e siyāh	پلنگ سیاه
puma (f)	yuzpalang	یوزپلنگ
leopardo (m) delle nevi	palang-e barfi	پلنگ برفی
lince (f)	siyāh guš	سیاه گوش
coyote (m)	gorg-e sahrāyi	گرگ صحرایی
sciacallo (m)	šoqāl	شغال
iena (f)	kaftār	کفتار

136. Animali selvatici

animale (m)	heyvān	حیوان
bestia (f)	heyvān	حیوان
scoiattolo (m)	sanjāb	سنجاب
riccio (m)	xārpošt	خارپشت
lepre (f)	xarguš	خرگوش
coniglio (m)	xarguš	خرگوش
tasso (m)	gurkan	گورکن
procione (f)	rākon	راکون
criceto (m)	muš-e bozorg	موش بزرگ
marmotta (f)	muš-e xormā-ye kuhi	موش خرمای کوهی
talpa (f)	muš-e kur	موش کور
topo (m)	muš	موش
ratto (m)	muš-e sahrāyi	موش صحرایی
pipistrello (m)	xoffāš	خفاش
ermellino (m)	qāqom	قاقم
zibellino (m)	samur	سمور
martora (f)	samur	سمور
donnola (f)	rāsu	راسو
visone (m)	tire-ye rāsu	تیره راسو

castoro (m)	sag-e ābi	سگ آبی
lontra (f)	samur ābi	سمور آبی
cavallo (m)	asb	اسب
alce (m)	gavazn	گوزن
cervo (m)	āhu	آهو
cammello (m)	šotor	شتر
bisonte (m) americano	gāvmiš	گاومیش
bisonte (m) europeo	gāv miš	گاو میش
bufalo (m)	bufālo	بوفالو
zebra (f)	gurexar	گورخر
antilope (f)	boz-e kuhi	بز کوهی
capriolo (m)	šukā	شوکا
daino (m)	qazāl	غزال
camoscio (m)	boz-e kuhi	بز کوهی
cinghiale (m)	gorāz	گراز
balena (f)	nahang	نهنگ
foca (f)	fak	فک
tricheco (m)	širmāhi	شیرماهی
otaria (f)	gorbe-ye ābi	گربۀ آبی
delfino (m)	delfin	دلفین
orso (m)	xers	خرس
orso (m) bianco	xers-e sefid	خرس سفید
panda (m)	pāndā	پاندا
scimmia (f)	meymun	میمون
scimpanzè (m)	šampānze	شمپانزه
orango (m)	orāngutān	اورانگوتان
gorilla (m)	guril	گوریل
macaco (m)	mākāk	ماکاک
gibbone (m)	gibon	گیبون
elefante (m)	fil	فیل
rinoceronte (m)	kargadan	کرگدن
giraffa (f)	zarrāfe	زرافه
ippopotamo (m)	asb-e ābi	اسب آبی
canguro (m)	kāngoro	کانگورو
koala (m)	kovālā	کوالا
mangusta (f)	xadang	خدنگ
cincillà (f)	čin čila	چین چیلا
moffetta (f)	rāsu-ye badbu	راسوی بدبو
istrice (m)	taši	تشی

137. Animali domestici

gatta (f)	gorbe	گربه
gatto (m)	gorbe-ye nar	گربۀ نر
cane (m)	sag	سگ

cavallo (m)	asb	اسب
stallone (m)	asb-e nar	اسب نر
giumenta (f)	mādiyān	مادیان
mucca (f)	gāv	گاو
toro (m)	gāv-e nar	گاو نر
bue (m)	gāv-e axte	گاو اخته
pecora (f)	gusfand	گوسفند
montone (m)	gusfand-e nar	گوسفند نر
capra (f)	boz-e mādde	بز ماده
caprone (m)	boz-e nar	بز نر
asino (m)	xar	خر
mulo (m)	qāter	قاطر
porco (m)	xuk	خوک
porcellino (m)	bače-ye xuk	بچۀ خوک
coniglio (m)	xarguš	خرگوش
gallina (f)	morq	مرغ
gallo (m)	xorus	خروس
anatra (f)	ordak	اردک
maschio (m) dell'anatra	ordak-e nar	اردک نر
oca (f)	qāz	غاز
tacchino (m)	buqalamun-e nar	بوقلمون نر
tacchina (f)	buqalamun-e māde	بوقلمون ماده
animali (m pl) domestici	heyvānāt-e ahli	حیوانات اهلی
addomesticato (agg)	ahli	اهلی
addomesticare (vt)	rām kardan	رام کردن
allevare (vt)	parvareš dādan	پرورش دادن
fattoria (f)	mazrae	مزرعه
pollame (m)	morq-e xānegi	مرغ خانگی
bestiame (m)	dām	دام
branco (m), mandria (f)	galle	گله
scuderia (f)	establ	اصطبل
porcile (m)	āqol xuk	آغل خوک
stalla (f)	āqol gāv	آغل گاو
conigliera (f)	lanye xarguš	لانه خرگوش
pollaio (m)	morq dāni	مرغ دانی

138. Uccelli

uccello (m)	parande	پرنده
colombo (m), piccione (m)	kabutar	کبوتر
passero (m)	gonješk	گنجشک
cincia (f)	morq-e zanburxār	مرغ زنبورخوار
gazza (f)	zāqi	زاغی
corvo (m)	kalāq-e siyāh	کلاغ سیاه

cornacchia (f)	kalāq	کلاغ
taccola (f)	zāq	زاغ
corvo (m) nero	kalāq-e siyāh	کلاغ سیاه
anatra (f)	ordak	اردک
oca (f)	qāz	غاز
fagiano (m)	qarqāvol	قرقاول
aquila (f)	oqāb	عقاب
astore (m)	qerqi	قرقی
falco (m)	šāhin	شاهین
grifone (m)	karkas	کرکس
condor (m)	karkas-e emrikāyi	کرکس امریکایی
cigno (m)	qu	قو
gru (f)	dornā	درنا
cicogna (f)	lak lak	لک لک
pappagallo (m)	tuti	طوطی
colibrì (m)	morq-e magas-e xār	مرغ مگس خوار
pavone (m)	tāvus	طاووس
struzzo (m)	šotormorq	شترمرغ
airone (m)	havāsil	حواصیل
fenicottero (m)	felāmingo	فلامینگو
pellicano (m)	pelikān	پلیکان
usignolo (m)	bolbol	بلبل
rondine (f)	parastu	پرستو
tordo (m)	bāstarak	باسترک
tordo (m) sasello	torqe	طرقه
merlo (m)	tukā-ye siyāh	توکای سیاه
rondone (m)	bādxorak	بادخورک
allodola (f)	čakāvak	چکاوک
quaglia (f)	belderčin	بلدرچین
picchio (m)	dārkub	دارکوب
cuculo (m)	fāxte	فاخته
civetta (f)	joqd	جغد
gufo (m) reale	šāh buf	شاه بوف
urogallo (m)	siāh xorus	سیاه خروس
fagiano (m) di monte	siāh xorus-e jangali	سیاه خروس جنگلی
pernice (f)	kabk	کبک
storno (m)	sār	سار
canarino (m)	qanāri	قناری
francolino (m) di monte	siyāh xorus-e fandoqi	سیاه خروس فندقی
fringuello (m)	sehre-ye jangali	سهره جنگلی
ciuffolotto (m)	sohre sar-e siyāh	سهره سر سیاه
gabbiano (m)	morq-e daryāyi	مرغ دریایی
albatro (m)	morq-e daryāyi	مرغ دریایی
pinguino (m)	pangoan	پنگوئن

139. Pesci. Animali marini

abramide (f)	māhi-ye sim	ماهی سیم
carpa (f)	kapur	کپور
perca (f)	māhi-e luti	ماهی لوتی
pesce (m) gatto	gorbe-ye māhi	گربه ماهی
luccio (m)	ordak māhi	اردک ماهی
salmone (m)	māhi-ye salemon	ماهی سالمون
storione (m)	māhi-ye xāviār	ماهی خاویار
aringa (f)	māhi-ye šur	ماهی شور
salmone (m)	sālmon-e atlāntik	سالمون اتلانتیک
scombro (m)	māhi-ye esqumeri	ماهی اسقومری
sogliola (f)	sofre māhi	سفره ماهی
lucioperca (f)	suf	سوف
merluzzo (m)	māhi-ye rowqan	ماهی روغن
tonno (m)	tan māhi	تن ماهی
trota (f)	māhi-ye qezelālā	ماهی قزل آلا
anguilla (f)	mārmāhi	مارماهی
torpedine (f)	partomahiye barqi	پرتوماهی برقی
murena (f)	mārmāhi	مارماهی
piranha (f)	pirānā	پیرانا
squalo (m)	kuse-ye māhi	کوسه ماهی
delfino (m)	delfin	دلفین
balena (f)	nahang	نهنگ
granchio (m)	xarčang	خرچنگ
medusa (f)	arus-e daryāyi	عروس دریایی
polpo (m)	hašt pā	هشت پا
stella (f) marina	setāre-ye daryāyi	ستاره دریایی
riccio (m) di mare	xārpošt-e daryāyi	خارپشت دریایی
cavalluccio (m) marino	asb-e daryāyi	اسب دریایی
ostrica (f)	sadaf-e xorāki	صدف خوراکی
gamberetto (m)	meygu	میگو
astice (m)	xarčang-e daryāyi	خرچنگ دریایی
aragosta (f)	xarčang-e xārdār	خرچنگ خاردار

140. Anfibi. Rettili

serpente (m)	mār	مار
velenoso (agg)	sammi	سمی
vipera (f)	af'i	افعی
cobra (m)	kobrā	کبرا
pitone (m)	mār-e pinton	مار پیتون
boa (m)	mār-e bwa	مار بوا
biscia (f)	mār-e čaman	مار چمن

serpente (m) a sonagli	mār-e zangi	مار زنگی
anaconda (f)	mār-e ānākondā	مار آناکوندا
lucertola (f)	susmār	سوسمار
iguana (f)	susmār-e deraxti	سوسمار درختی
varano (m)	bozmajje	بزمجه
salamandra (f)	samandar	سمندر
camaleonte (m)	āftāb-parast	آفتاب پرست
scorpione (m)	aqrab	عقرب
tartaruga (f)	lāk pošt	لاک پشت
rana (f)	qurbāqe	قورباغه
rospo (m)	vazaq	وزغ
coccodrillo (m)	temsāh	تمساح

141. Insetti

insetto (m)	hašare	حشره
farfalla (f)	parvāne	پروانه
formica (f)	murče	مورچه
mosca (f)	magas	مگس
zanzara (f)	paše	پشه
scarabeo (m)	susk	سوسک
vespa (f)	zanbur	زنبور
ape (f)	zanbur-e asal	زنبور عسل
bombo (m)	xar zanbur	خرزنبور
tafano (m)	xarmagas	خرمگس
ragno (m)	ankabut	عنکبوت
ragnatela (f)	tār-e ankabut	تارعنکبوت
libellula (f)	sanjāqak	سنجاقک
cavalletta (f)	malax	ملخ
farfalla (f) notturna	bid	بید
scarafaggio (m)	susk	سوسک
zecca (f)	kane	کنه
pulce (f)	kak	کک
moscerino (m)	paše-ye rize	پشه ریزه
locusta (f)	malax	ملخ
lumaca (f)	halazun	حلزون
grillo (m)	jirjirak	جیرجیرک
lucciola (f)	kerm-e šab-tāb	کرم شب تاب
coccinella (f)	kafšduzak	کفشدوزک
maggiolino (m)	susk bāldār	سوسک بالدار
sanguisuga (f)	zālu	زالو
bruco (m)	kerm-e abrišam	کرم ابریشم
verme (m)	kerm	کرم
larva (f)	lārv	لارو

Flora

142. Alberi

albero (m)	deraxt	درخت
deciduo (agg)	barg riz	برگ ریز
conifero (agg)	maxrutiyān	مخروطیان
sempreverde (agg)	hamiše sabz	همیشه سبز

melo (m)	deraxt-e sib	درخت سیب
pero (m)	golābi	گلابی
ciliegio (m)	gilās	گیلاس
amareno (m)	ālbālu	آلبالو
prugno (m)	ālu	آلو

betulla (f)	tus	توس
quercia (f)	balut	بلوط
tiglio (m)	zirfun	زیرفون
pioppo (m) tremolo	senowbar-e larzān	صنوبر لرزان
acero (m)	afrā	افرا
abete (m)	senowbar	صنوبر
pino (m)	kāj	کاج
larice (m)	senowbar-e ārāste	صنوبر آراسته
abete (m) bianco	šāh deraxt	شاه درخت
cedro (m)	sedr	سدر

pioppo (m)	sepidār	سپیدار
sorbo (m)	zabān gonješk-e kuhi	زبان گنجشک کوهی
salice (m)	bid	بید
alno (m)	tuskā	توسکا
faggio (m)	rāš	راش
olmo (m)	nārvan-e qermez	نارون قرمز
frassino (m)	zabān-e gonješk	زبان گنجشک
castagno (m)	šāh balut	شاه بلوط

magnolia (f)	māgnoliyā	ماگنولیا
palma (f)	naxl	نخل
cipresso (m)	sarv	سرو

mangrovia (f)	karnā	کرنا
baobab (m)	bāobāb	بائوباب
eucalipto (m)	okaliptus	اوکالیپتوس
sequoia (f)	sorx-e čub	سرخ چوب

143. Arbusti

cespuglio (m)	bute	بوته
arbusto (m)	bute zār	بوته زار

vite (f)	angur	انگور
vigneto (m)	tākestān	تاکستان

lampone (m)	tamešk	تمشک
ribes (m) nero	angur-e farangi-ye siyāh	انگور فرنگی سیاه
ribes (m) rosso	angur-e farangi-ye sorx	انگور فرنگی سرخ
uva (f) spina	angur-e farangi	انگور فرنگی

acacia (f)	aqāqiyā	اقاقیا
crespino (m)	zerešk	زرشک
gelsomino (m)	yāsaman	یاسمن

ginepro (m)	ardaj	اردج
roseto (m)	bute-ye gol-e mohammadi	بوتۀ گل محمدی
rosa (f) canina	nastaran	نسترن

144. Frutti. Bacche

frutto (m)	mive	میوه
frutti (m pl)	mive jāt	میوه جات

mela (f)	sib	سیب
pera (f)	golābi	گلابی
prugna (f)	ālu	آلو

fragola (f)	tut-e farangi	توت فرنگی
amarena (f)	ālbālu	آلبالو
ciliegia (f)	gilās	گیلاس
uva (f)	angur	انگور

lampone (m)	tamešk	تمشک
ribes (m) nero	angur-e farangi-ye siyāh	انگور فرنگی سیاه
ribes (m) rosso	angur-e farangi-ye sorx	انگور فرنگی سرخ
uva (f) spina	angur-e farangi	انگور فرنگی
mirtillo (m) di palude	nārdānak-e vahši	ناردانک وحشی

arancia (f)	porteqāl	پرتقال
mandarino (m)	nārengi	نارنگی
ananas (m)	ānānās	آناناس
banana (f)	mowz	موز
dattero (m)	xormā	خرما

limone (m)	limu	لیمو
albicocca (f)	zardālu	زردآلو
pesca (f)	holu	هلو

kiwi (m)	kivi	کیوی
pompelmo (m)	gerip forut	گریپ فوروت

bacca (f)	mive-ye butei	میوۀ بوته ای
bacche (f pl)	mivehā-ye butei	میوه های بوته ای
mirtillo (m) rosso	tut-e farangi-ye jangali	توت فرنگی جنگلی
fragola (f) di bosco	zoqāl axte	زغال اخته
mirtillo (m)	zoqāl axte	زغال اخته

145. Fiori. Piante

fiore (m)	gol	گل
mazzo (m) di fiori	daste-ye gol	دسته گل
rosa (f)	gol-e sorx	گل سرخ
tulipano (m)	lāle	لاله
garofano (m)	mixak	میخک
gladiolo (m)	susan-e sefid	سوسن سفید
fiordaliso (m)	gol-e gandom	گل گندم
campanella (f)	gol-e estekāni	گل استکانی
soffione (m)	gol-e qāsedak	گل قاصدک
camomilla (f)	bābune	بابونه
aloe (m)	oloviye	آلوئه
cactus (m)	kāktus	کاکتوس
ficus (m)	fikus	فیکوس
giglio (m)	susan	سوسن
geranio (m)	gol-e šam'dāni	گل شمعدانی
giacinto (m)	sonbol	سنبل
mimosa (f)	mimosā	میموسا
narciso (m)	narges	نرگس
nasturzio (m)	gol-e lādan	گل لادن
orchidea (f)	orkide	ارکیده
peonia (f)	gol-e ašrafi	گل اشرفی
viola (f)	banafše	بنفشه
viola (f) del pensiero	banafše-ye farangi	بنفشه فرنگی
nontiscordardimé (m)	gol-e farāmuš-am makon	گل فراموشم مکن
margherita (f)	gol-e morvārid	گل مروارید
papavero (m)	xašxāš	خشخاش
canapa (f)	šāh dāne	شاه دانه
menta (f)	na'nā'	نعناع
mughetto (m)	muge	موگه
bucaneve (m)	gol-e barfi	گل برفی
ortica (f)	gazane	گزنه
acetosa (f)	toršak	ترشک
ninfea (f)	nilufar-e abi	نیلوفر آبی
felce (f)	saraxs	سرخس
lichene (m)	golesang	گلسنگ
serra (f)	golxāne	گلخانه
prato (m) erboso	čaman	چمن
aiuola (f)	baqče-ye gol	باغچه گل
pianta (f)	giyāh	گیاه
erba (f)	alaf	علف
filo (m) d'erba	alaf	علف

foglia (f)	barg	برگ
petalo (m)	golbarg	گلبرگ
stelo (m)	sāqe	ساقه
tubero (m)	riše	ریشه
germoglio (m)	javāne	جوانه
spina (f)	xār	خار
fiorire (vi)	gol kardan	گل کردن
appassire (vi)	pažmorde šodan	پژمرده شدن
odore (m), profumo (m)	bu	بو
tagliare (~ i fiori)	boridan	بریدن
cogliere (vt)	kandan	کندن

146. Cereali, granaglie

grano (m)	dāne	دانه
cereali (m pl)	qallāt	غلات
spiga (f)	xuše	خوشه
frumento (m)	gandom	گندم
segale (f)	čāvdār	چاودار
avena (f)	jow-e sahrāyi	جو صحرایی
miglio (m)	arzan	ارزن
orzo (m)	jow	جو
mais (m)	zorrat	ذرت
riso (m)	berenj	برنج
grano (m) saraceno	gandom-e siyāh	گندم سیاه
pisello (m)	noxod	نخود
fagiolo (m)	lubiyā qermez	لوبیا قرمز
soia (f)	sowyā	سویا
lenticchie (f pl)	adas	عدس
fave (f pl)	lubiyā	لوبیا

PAESI. NAZIONALITÀ

147. Europa occidentale

Italiano	Traslitterazione	Persiano
Europa (f)	orupā	اروپا
Unione (f) Europea	ettehādiye-ye orupā	اتحادیه اروپا
Austria (f)	otriš	اتریش
Gran Bretagna (f)	beritāniyā-ye kabir	بریتانیای کبیر
Inghilterra (f)	engelestān	انگلستان
Belgio (m)	belžik	بلژیک
Germania (f)	ālmān	آلمان
Paesi Bassi (m pl)	holand	هلند
Olanda (f)	holand	هلند
Grecia (f)	yunān	یونان
Danimarca (f)	dānmārk	دانمارک
Irlanda (f)	irland	ایرلند
Islanda (f)	island	ایسلند
Spagna (f)	espāniyā	اسپانیا
Italia (f)	itāliyā	ایتالیا
Cipro (m)	qebres	قبرس
Malta (f)	mālt	مالت
Norvegia (f)	norvež	نروژ
Portogallo (f)	porteqāl	پرتغال
Finlandia (f)	fanlānd	فنلاند
Francia (f)	farānse	فرانسه
Svezia (f)	sued	سوئد
Svizzera (f)	suis	سوییس
Scozia (f)	eskātland	اسکاتلند
Vaticano (m)	vātikān	واتیکان
Liechtenstein (m)	lixteneštāyn	لیختن‌اشتاین
Lussemburgo (m)	lokzāmborg	لوکزامبورگ
Monaco (m)	monāko	موناکو

148. Europa centrale e orientale

Italiano	Traslitterazione	Persiano
Albania (f)	ālbāni	آلبانی
Bulgaria (f)	bolqārestān	بلغارستان
Ungheria (f)	majārestān	مجارستان
Lettonia (f)	letuni	لتونی
Lituania (f)	litvāni	لیتوانی
Polonia (f)	lahestān	لهستان

Romania (f)	romāni	رومانی
Serbia (f)	serbestān	صربستان
Slovacchia (f)	eslovāki	اسلواکی

Croazia (f)	korovāsi	کرواسی
Repubblica (f) Ceca	jomhuri-ye ček	جمهوری چک
Estonia (f)	estoni	استونی

Bosnia-Erzegovina (f)	bosni-yo herzogovin	بوسنی وهرزگوین
Macedonia (f)	jomhuri-ye maqduniye	جمهوری مقدونیه
Slovenia (f)	eslovoni	اسلوونی
Montenegro (m)	montenegro	مونته‌نگرو

149. Paesi dell'ex Unione Sovietica

| Azerbaigian (m) | āzarbāyjān | آذربایجان |
| Armenia (f) | armanestān | ارمنستان |

Bielorussia (f)	belārus	بلاروس
Georgia (f)	gorjestān	گرجستان
Kazakistan (m)	qazzāqestān	قزاقستان
Kirghizistan (m)	qerqizestān	قرقیزستان
Moldavia (f)	moldāvi	مولداوی

| Russia (f) | rusiye | روسیه |
| Ucraina (f) | okrāyn | اوکراین |

Tagikistan (m)	tājikestān	تاجیکستان
Turkmenistan (m)	torkamanestān	ترکمنستان
Uzbekistan (m)	ozbakestān	ازبکستان

150. Asia

Asia (f)	āsiyā	آسیا
Vietnam (m)	viyetnām	ویتنام
India (f)	hendustān	هندوستان
Israele (m)	esrāil	اسرائیل

Cina (f)	čin	چین
Libano (m)	lobnān	لبنان
Mongolia (f)	moqolestān	مغولستان

| Malesia (f) | mālezi | مالزی |
| Pakistan (m) | pākestān | پاکستان |

Arabia Saudita (f)	arabestān-e so'udi	عربستان سعودی
Tailandia (f)	tāyland	تایلند
Taiwan (m)	tāyvān	تایوان
Turchia (f)	torkiye	ترکیه
Giappone (m)	žāpon	ژاپن
Afghanistan (m)	afqānestān	افغانستان
Bangladesh (m)	bangelādeš	بنگلادش

Indonesia (f)	andonezi	اندونزی
Giordania (f)	ordon	اردن
Iraq (m)	arāq	عراق
Iran (m)	irān	ایران
Cambogia (f)	kāmboj	کامبوج
Kuwait (m)	koveyt	کویت
Laos (m)	lāus	لائوس
Birmania (f)	miyānmār	میانمار
Nepal (m)	nepāl	نپال
Emirati (m pl) Arabi	emārāt-e mottahede-ye arabi	امارات متحده عربی
Siria (f)	suriye	سوریه
Palestina (f)	felestin	فلسطین
Corea (f) del Sud	kare-ye jonubi	کرهٔ جنوبی
Corea (f) del Nord	kare-ye šomāli	کرهٔ شمالی

151. America del Nord

Stati (m pl) Uniti d'America	eyālāt-e mottahede-ye emrikā	ایالات متحدهٔ امریکا
Canada (m)	kānādā	کانادا
Messico (m)	mekzik	مکزیک

152. America centrale e America del Sud

Argentina (f)	āržāntin	آرژانتین
Brasile (m)	berezil	برزیل
Colombia (f)	kolombiyā	کلمبیا
Cuba (f)	kubā	کوبا
Cile (m)	šili	شیلی
Bolivia (f)	bulivi	بولیوی
Venezuela (f)	venezuelā	ونزوئلا
Paraguay (m)	pārāgue	پاراگوئه
Perù (m)	porov	پرو
Suriname (m)	surinām	سورینام
Uruguay (m)	orogue	اوروگوئه
Ecuador (m)	ekvādor	اکوادور
Le Bahamas	bāhāmā	باهاما
Haiti (m)	hāiti	هائیتی
Repubblica (f) Dominicana	jomhuri-ye dominikan	جمهوری دومینیکن
Panama (m)	pānāmā	پاناما
Giamaica (f)	jāmāikā	جامائیکا

153. Africa

Egitto (m)	mesr	مصر
Marocco (m)	marākeš	مراكش
Tunisia (f)	tunes	تونس
Ghana (m)	qanā	غنا
Zanzibar	zangbār	زنگبار
Kenya (m)	keniyā	كنيا
Libia (f)	libi	ليبى
Madagascar (m)	mādāgāskār	ماداگاسكار
Namibia (f)	nāmibiyā	ناميبيا
Senegal (m)	senegāl	سنگال
Tanzania (f)	tānzāniyā	تانزانيا
Repubblica (f) Sudafricana	jomhuri-ye āfriqā-ye jonubi	جمهورى آفريقاى جنوبى

154. Australia. Oceania

Australia (f)	ostorāliyā	استراليا
Nuova Zelanda (f)	niyuzland	نيوزلند
Tasmania (f)	tāsmāni	تاسمانى
Polinesia (f) Francese	polinezi-ye farānse	پلينزى فرانسه

155. Città

L'Aia	lāhe	لاهه
Amburgo	hāmborg	هامبورگ
Amsterdam	āmesterdām	آمستردام
Ankara	ānkārā	آنكارا
Atene	āten	آتن
L'Avana	hāvānā	هاوانا
Baghdad	baqdād	بغداد
Bangkok	bānkok	بانكوك
Barcellona	bārselon	بارسلون
Beirut	beyrut	بيروت
Berlino	berlin	برلين
Bombay, Mumbai	bombai	بمبئى
Bonn	bon	بن
Bordeaux	bordo	بوردو
Bratislava	bratislav	براتيسلاو
Bruxelles	boruksel	بروكسل
Bucarest	boxārest	بخارست
Budapest	budāpest	بوداپست
Il Cairo	qāhere	قاهره
Calcutta	kalkate	كلكته
Chicago	šikāgo	شيكاگو

Città del Messico	mekziko	مکزیکو
Copenaghen	kopenhāk	کپنهاک
Dar es Salaam	dārossalām	دارالسلام
Delhi	dehli	دهلی
Dubai	debi	دبی
Dublino	dublin	دوبلین
Düsseldorf	duseldorf	دوسلدورف
Firenze	felorāns	فلورانس
Francoforte	ferānkfort	فرانکفورت
Gerusalemme	beytolmoqaddas	بیت المقدس
Ginevra	ženev	ژنو
Hanoi	hānoy	هانوی
Helsinki	helsinki	هلسینکی
Hiroshima	hirošimā	هیروشیما
Hong Kong	hong kong	هنگ کنگ
Istanbul	estānbol	استامبول
Kiev	keyf	کیف
Kuala Lumpur	kuālālāmpur	کوآلالامپور
Lione	liyon	لیون
Lisbona	lisbun	لیسبون
Londra	landan	لندن
Los Angeles	losānjeles	لس آنجلس
Madrid	mādrid	مادرید
Marsiglia	mārsey	مارسی
Miami	mayāmey	میامی
Monaco di Baviera	munix	مونیخ
Montreal	montreāl	مونترآل
Mosca	moskow	مسکو
Nairobi	nāyrubi	نایروبی
Napoli	nāpl	ناپل
New York	niyuyork	نیویورک
Nizza	nis	نیس
Oslo	oslo	اسلو
Ottawa	otāvā	اتاوا
Parigi	pāris	پاریس
Pechino	pekan	پکن
Praga	perāg	پراگ
Rio de Janeiro	riyo-do-žāniro	ریو دو ژانیرو
Roma	ram	رم
San Pietroburgo	sān peterzburg	سن پترزبورگ
Seoul	seul	سئول
Shanghai	šānghāy	شانگهای
Sidney	sidni	سیدنی
Singapore	sangāpur	سنگاپور
Stoccolma	āstokholm	استکهلم
Taipei	tāype	تایپه
Tokio	tokiyo	توکیو

144

Toronto	torento	تورنتو
Varsavia	varšow	ورشو
Venezia	veniz	ونیز
Vienna	viyan	وین
Washington	vāšangton	واشنگتن

www.ingramcontent.com/pod-product-compliance
Lightning Source LLC
Chambersburg PA
CBHW070600050426
42450CB00011B/2927